国家出版基金项目
NATIONAL PUBLICATION FOUNDATION

史前時期之西北

裴文中◎著

山西出版傳媒集團
山西人民出版社

圖書在版編目(CIP)數據

史前時期之西北 / 裴文中著. —太原： 山西人民出版社，2015.2
(近代名家散佚學術著作叢刊 / 許嘉璐主編)
ISBN 978-7-203-08942-1

Ⅰ. ①史… Ⅱ. ①裴… Ⅲ. ①史前文化－研究－西北地區 Ⅳ. ①K294

中國版本圖書館 CIP 數據核字(2015)第 031797 號

史前時期之西北

主　　編　許嘉璐
著　　者　裴文中
責任編輯　梁晉華

出 版 者　山西出版傳媒集團·山西人民出版社
地　　址　太原市建設南路 21 號
郵　　編　030012
發行營銷　0351－4922220　4955996　4956039
　　　　　0351－4922127(傳真)　4956038(郵購)
E－mail　sxskcb@163.com　發行部
　　　　　sxskcb@126.com　總編室
網　　址　www.sxskcb.com

經 銷 者　山西出版傳媒集團·山西人民出版社
承 印 廠　山西出版傳媒集團·山西人民印刷有限責任公司

開　　本　700mm×970mm　1/16
印　　張　5.25
字　　數　69千字
印　　數　1—3000冊
版　　次　2015年3月　第1版
印　　次　2015年3月　第1次印刷
書　　號　ISBN 978-7-203-08942-1
定　　價　14.00圓

《近代名家散佚學術著作叢刊》編委會

出版説明

近代名家散佚學術著作叢刊選取一九四九年以後未再刊行之近代名家學術著作共一百二十册，編例如次：

一、本叢書遴選之著作在相關學術領域具有一定的代表性，在學術研究方向、方法上獨具特色。

二、爲避免重新排印時出錯，本叢書原本原貌影印出版。影印之底本皆經專家組審定，原書字體大小，排版格式均未做大的改變，原書之序言、附注皆予保留。

三、本叢書分爲八大類，以作者生卒年編次。

四、爲使叢書體例一致，本叢書前言後記均采用繁體字排版。

五、個别頁碼較少的版本，爲方便裝幀和閱讀，進行了合訂。

六、少數學術著作原書内容有個别破損之處，編者以不改變版本内容爲前提，部分進行修補，難以修復之處保留缺損原狀。

七、原版書中個别錯訛之處，皆照原樣影印，未做修改。

八、所選版本之抽印本頁碼標注，起始至所終頁碼均照原樣影印，未重新編排標注新頁碼。

由於叢書規模較大，不足之處，殷切期待方家指正。

總序/

披沙瀝金，以爲鏡鑒

◇許嘉璐

多年來有一個問題始終在我腦中盤桓：爲什麽在十九世紀末到二十世紀初，在短短的幾十年裏，中國的各個學術領域竟涌現了那麽多大師級的人物？這是中國近代史上一個極爲重要的現象，我認爲，如果不能給出令人滿意的答案，我們撰寫的近代學術史將是不完整的，甚至是缺乏靈魂的。後來我知道，著名人類學家克羅伯曾提出過一個問題：爲什麽天才成群地來？看來這種現象的出現並非中國所獨有，思考其所以然的也大有人在。而在那一次世紀之交中國的情况，似乎應驗了「天才成群地來」這個令克氏久久不解的疑問。錢學森先生曾從相反的方向提出了相同的疑問：爲什麽我們這個時代出現不了杰出人才？後來人們稱這個問題爲「錢學森之謎」。

要回答這些疑問不是件容易的事。與其迅速地囫圇地探尋，不如先多了解那些讓中國近代學術（應該包括人文科學和自然科學）史上閃耀着光輝的大師們的作品和自述，從而在腦海里盡量「復原」他們所處的環境和在那種環境下的心理路徑，從中或許可以得到一些啓示。

有一點是顯然的，這就是他們雖然都已遠離塵世而去，但是他們獨立思考的品性、求知治學的真誠、困厄窮愁中對節操的堅守，恐怕是他們共同的主觀因素，一直影響到現在，而且將會永遠留存下去。

就思想界、學術界而言，二十世紀上半葉是一個新説和舊説碰撞，中學和西學融匯的大時代。那時的學人極爲重視言行操守，同時具備現代知識分子的理想信念；他們的學術研究十分純净，絶少功利因素；他們的視界開闊，以包容的心態和嚴謹的風格造就了成果的大氣與厚重。至於在客觀因素一面，他們實際是在用工業化時代的事實解説着太史公所説的名山之作「大抵聖賢發憤之所爲作」，困厄苦難使得他們「皆意有所鬱結」。這種鬱結，幾乎和個人的名利毫無牽涉，他們永遠不能釋懷的，是民族的存亡、國運的興衰、民衆的福禍和文脈的續斷。

那個時代也是近代歷史上最大規模的中西古今學術調適、創新的時期，學術方法上的交互滲透和融合、創新亦可謂「於斯爲盛」。斯時之學人是要在封閉的屋墻上鑿出窗子的勇士，是使人能够看看外部世界的第一批導夫先路者；或者可以説，他們是在「意有所鬱結」時「彷徨」和「吶喊」的「狂人」。

相對於那時的哲人們，後來者是幸運兒。現在的形勢是，近三十年來學界空前繁榮，衆多學科有了長足之進，其中很重要的一點是學界有了更新穎、更廣闊的國際視野，似乎接續上了百年前的學壇盛事。但細想想，「古」與「今」還是有差別的。其异，主要不在於世界情勢、學術進展、工具改善這些客觀存在，而在於在廣泛吸收各國優長的同時，自身文化的主體性越來越受到重視，換言之，「拿來主義」已經延長了「拿來」的程序，加上了試用、甄別、篩選、吸收、融合、成長。就我孤陋所見，在當今地球上，面向所有異質文明，努力汲取我之所缺，其範圍之大和心態之切，似乎無出中國之右者。從這個角度説，我們已經超越了前輩。但是事情還有另外一面，學術，特别是人文學科，其職業化、「沙龍化」和功利性，以及隨之而來的浮躁病却嚴重了。從這個角度説，是不是我們已經後退得够可以的了？而這是不是我們這個時代出不了大師的原因之一呢？

民國學術界的特點之一是極爲注重對傳統的反省、批判與繼承。他們對傳統文化盡最大的努力進行整理和研究。一方面，由於戰亂頻仍，民不聊生，學者們擔起了讓中華文化薪火相傳的歷史責任；另一方面，他們要通過對中國傳統文化的整理、挖掘來重振民族自信心。這一時期對傳統文化進行整理的全面而深入是前所未有的，舉凡文字學、語言學、經濟學、法學、哲學、政治制度、書法繪畫、金石學……規模之宏大，研究之精微，令人嘆爲觀止。

民國學術推動了現代學科體系的建立。在對傳統文化整理和研究的基礎上，吸收西方的文化思想和理念，推動和建立了中國現代學科體系。例如，在對語言文字和音韻學成果進行整理、研究的基礎上開始着手規範之，建立了國語學；深入研究書法、國畫，將其融入了現代美術學科；在廢除舊有學制後逐步建立起小、中、大學較完整的科目和學科體系。

民國學術也改變了傳統學術方式，建立了新的研究範式。以現代科學考古爲發端，科研的實踐和成果使中國知識界真正認識到在實驗、比較基礎上的邏輯分析對學術研究的重要，推進了中國學術的一大演變。至於我們常説的打破士大夫傳統、走出書齋到田野鄉村和市民中進行調查研究、結束了經學時代、以歷史眼光檢視儒學和諸子等等，都是確立新學術範式的努力。這一轉變，也標誌着中國學術界脱胎换骨，全面進入了現代，爲此後的學術發展奠定了堅實的基礎。當然，西方啓蒙運動以來，在「現代性」和「現代化」裏潛伏着的缺陷和謬誤也傳到了中國，這些不能不在前哲的著作裏留下痕迹。這並不奇怪。類似的情況，古往今來孰能免之？猶如今天的我們，誰敢自稱我之所見就是永恒的真理？在這個問題上兩個時代所異者，或許就在昔時大家創立新説或譯註西學著作，往往是懷着對學術和前哲的敬畏而爲之，故而常常誤不在我；當今則往往出於對學問和他人的輕蔑，或以所研究的對象爲謀己的工具，因而難辭主觀之咎吧。翻閲他們的心血之作，這些復雜的狀況可以顯見，可以視之爲我們的一面鏡子。

滄海桑田，世事變幻，歷史的動盪和時代的遮蔽，使當年許多大師的一些極有價值的學術著作被棄於故紙堆中，不能不令人有遺珠之憾。爲此，山西人民出版社不惜以數年之艱辛，披沙瀝金，編輯出版這套近代名家散佚學術著作叢刊，凡一百二十册，計文學、史學、政治與法律、美學與文藝理論、民族風俗、宗教與哲學、經濟、語言文獻共八大類别。所選皆爲作者之純學術著作，無論是其見解、精神，抑或是其時代烙印，都是後輩學人可資借鑒的寶貴財富。他們出版這套叢書，意在讓世人不忘來程，知篳路藍縷之不易，爲民族文化的傳承再增薪木。

出版社的初衷，與我近年來所思所慮近似，故願略述淺見於書端，以與策劃者、編輯者和讀者共勉。

二〇一四年七月六日

改定於自安東回京途中

前言／「风俗扫地伤王化，谁正人伦大雅！」

◇許石林

前人欲治天下者，必先視乎風俗，蓋風俗所在，如是則宜，非是則不便。荀子曰：「入境，觀其風俗。」蓋觀風俗以知人心，因其所宜以制禮作樂、立典明法，以期使千差萬别之原生態風俗，得以優化、矯正、改良而趨於均一。而均一之法，所謂「移風易俗，莫善於樂」，以文化野——數千年歷史，雖歷經朝代更迭、戰亂波折，文明陵夷而能頑韌修復與振起者，正因爲風俗矯正、改良從未停歇，此正是「文化」的過程。即均一之最終結果雖數千年而未實現，但均一的過程却從未停止。

風俗於天下安定、黎民富寧可謂至關重要，「治隆於上而俗美於下」，可以説是歷代中國讀書人的理想。考諸往史，自周秦以降，賢士大夫，皆知敦教化、厚風俗之重要，並以此爲己任。做官爲政，也必以淳厚風俗爲指歸，此抱本也；而今日世界各國，無不導民以利，以經濟指標考察政績，此誠逐末也。

前人對於風俗的理解，千年之下，基本相同。宋人蘇軾有云：「國家之所以存亡者，在道德之深淺，不在乎强與弱；歷數之所以長短者，在風俗之薄厚，不在乎富與貧。」清人顧亭林以爲，蘇軾的話是從古至今，最爲「深切」的「根本之言」。

顧炎武自己對風俗的理解，也是「根本之言」：「風俗者，天下之大事。朝廷有教化，則士人有廉恥；士人有廉恥，則天下有風俗。」他這種以天下爲己任的擔當意識和責任感，將賢士大夫即社會精英的「士風」，放在了擔負天下移風易俗重任的重要位置上。

然而歷代士人對風俗關注的焦點，却有差別，這本身也恰恰構成了各個時期風俗的重要内容。即以清末民初至一九四九年時期與今日民俗學大略印象比較而言，彼時的學人，正如許嘉璐先生所言，「（彼時）正是中國社會極度動盪的時期。尤其是日本帝國主義的侵略，把中國直接推向了生死存亡的關頭。即使如此，係統清理民國學術成果將會發現，中國學術研究不僅没有因此停步不前，反而碩果纍纍，成就巨大。民國學人在極其艱難的環境下，堅守中國的學術命脈，同時也是堅守着中國文化的命脈。」

而今日之風俗學，可能由於新的學術研究的切割法，多畫地爲牢，分塊處理，破碎害道。故今人論風俗，鮮有前人之宏闊胸襟，多退縮到現代意義上的民俗與民間文學之類，即便有所發現查獲，却無前人熱切地以資當下與未來政治的熱忱，故格局明顯狹小，淪爲供旅遊者攫取談資和獵奇的工具。更有甚者，若研究者價值觀被扭曲，則視舊的一切爲應當革除者，其所研究的結果，字裏行間必然流露出對舊風俗的警惕與謹慎、厭惡與拋棄的思想，如此，則其所知越多，對國故的殺傷越大。

基於此，近代名家散佚學術著作叢刊·民族風俗卷所搜集的民國學人的著作，皆當時士人學者發自於整理通鑑以期資治的用心，冀其所著述能有裨益於國家未來，孜孜矻矻，搜求剔爬，鈎稽考證，網羅歸納。其發願之宏大，足以令今人肅然起敬。而其學養之深厚淵雅，表述之明敏雋永，詞采燦然，亦令人愛賞不已。撫卷讀之，神馳思飛，感慨萬端：此又民國之士風也。

余承蒙錯愛，忝爲「民族風俗」卷主編，自知失學無才，惶恐愧疚不已，豈敢妄言爲先賢序而着糞於佛首！焚沐捧讀，崇仰之情日滋日長。正如史前時期之西北著者裴文中先生在自己著作前所道，不敢言

「序」，惟有「感言」似乎不可欠缺。余雖愚魯淺陋，亦勉爲感言。所感者有三：

清末民初至一九四九年期間，西學東漸，風俗地理學研究，遂有了新方法。前人礙於工具等諸條件所制約，疏於田野調查之故，或許有過於粗略概括之處，得到了落實細化和實地考察的推進。當時的學者在詳細考證、小心發現後，不僅得出結論。更爲可貴者，將學術研究結果，與現實社會之間打通，讓風俗中的可資當下政治汲取的養分，充盈到現實中來，即向當局提出建議，給人以啓迪。從中可看出，作者没有遭受某種政治意識形態的干擾，有些結論和建議，與現代社會的種種法律、政治理念是相悟的，有的甚至是「向後看」的，但「向後看」的目的卻無疑是意在有利於向前走。也正因如此，反而能自由地向政治提供可資選擇與利用的思想資源。如干蘭——西南中國原始住宅的研究的作者，從建築樣式的歷史演變，得出兩廣及西南雲貴地區，文化上以夏變夷的漫長而平和的過程，令人頗受啓迪。回顧那一段學術史可知，不惟當時的政府力量給予學者以思想學術自由的空間，世俗民間風氣、民衆心態也給學者充分的思想考察的自由空間。此不由人不思忖：蓋思想空間越自由，則學術研究越有生機。此一也。

那一代學人，不幸遭逢國家動盪，外侮侵犯，保家衛國之時，並不急功近利，而期望能正本清源，尋求從根本上解決治療國家當時所存在的痼疾，彌補往史舊學所欠缺、所忽略的盲區，又或盡量搜剔鈎稽，歸納匯集，以資能有利於國家民族當時的救亡與未來的强盛。史前時期之西北、西域史族新考、東北地方沿革及其民族，皆是也。史前時期之西北的作者總結自漢代以來，歷代朝廷經營邊功，奄忽而盛，又倏然而寂，屢費財力損兵革，終究未能使西北做到久安永寧的原因，不僅僅在於謀劃未周，兵馬未强，作者認爲還在於中國的方塊漢字，對夷狄來説，難寫難認，使已經被羈縻之夷狄，不能順暢地接受優秀的中原文化，而以儒家爲主流的中原文化，又缺之宗教力量以因果報應之説警戒愚俗，收拾人心，故夷狄與華夏離心離德，戰爲利來，敗無愧色，旋叛旋服，叛服無常，成爲數千年邊患。「海水有門分上下，江山無地限華夷」，這是明清易代之際，詩人陳恭尹發出的悲嘆。而能爲史前時期之西北這種推論做實证的，歷史上有多個朝代，比如北魏。作者不僅因此對經營當時西北邊務者爬梳匯集了翔實的史料，以鑒資當時的西北政治，更爲實際開發西北，提出了許多具體的設想，寫出了將來之展望、將來工作之途徑。作者還批評了當時打着開發西北旗號的各路「淘金者」。東北地方沿革及其民族的作者抱有同樣的志氣，梳理東北邊疆的沿革，並將其地域所有民族的風俗歷史，概括歸納。作者深感我國東北廣大土地，歷經沙俄、日本等的侵擾，並分析其原因，言簡意賅，脈絡十分清晰透徹，目的是使當時的政府，能振作起來，重視東北，保護東北，發展東北。近代名家散佚學術著作叢刊·民族風俗卷的作者，無論是大學教授、學者、地方官員、新聞記者還是中學校長，其字裏行間所洋溢的，都是自古以來，中華文化所孕育出來的賢士大夫胸懷家國天下的情懷。非有此等士大夫擔當情懷，不能有此胸襟眼界，無此胸襟眼界，不能有此考察風俗、發現歷史、希望能有助於國家救亡與復興的學問著述即千古文章。此二也。

余固非風俗專家，不能道盡其旨。作爲一個普通讀者，讀這些著作，對前人行文之美，愛賞不已。學者之文，凡舊學修養深厚者，其辭必然雋永可喜。愚以爲近代名家散佚學術著作叢刊·民族風俗卷的寫作，已經將漢語的文白相融，做到盡善盡美的高度了，它保存了文言文的矜持與自尊，詞約而義豐，又吸收了白話的通俗流暢，却因爲文言精神的提攜，使其氣不墜，白話不顯得囉嗦輕浮、枯燥乏味，反而有了直抒胸臆的痛快淋漓。正因爲這樣，這套叢書，不僅作爲學術專著，供後來學人作學術資料考索徵引，其實應該同時當作一般讀者的閱讀書目，必然會受到許多人的喜歡，「道不遠人」。此三也。

余貿然接受邀請主編此輯叢書，旋即愧悔，勉力爲之，不勝惶恐之至。謹以保存國故的心態，虔誠面對前人著作，對之如聆教誨。能將此叢書奉獻給今日讀者，則欣喜之情，陡然洋溢周身，覆蓋了一切。

風俗之於天下，可謂至關重要，移風易俗，正風俗以正人心，前人保存國粹者，無不以此相許。而今日之人，多迷信强權、崇拜金錢，對此多有忽略。今日學術界淺薄勢利，若不碰觸某一還活在人們生活中的風俗，則該風俗猶能讓人感受到古老文化的現實體温，反之一碰觸，則多粗暴否定與畸形改造，無异於毁滅良俗。「風俗掃地傷王化，誰正人倫大雅！」（元·吴弘道《醉高歌嘆世》）

惟願此人文風俗叢書，能讓人重新認識風俗的重要，視風俗之考察，爲政治必要之端。

後學　許石林

二〇一四年九月二十一日於深圳

作者簡介

裴文中，生平不詳。

西北通訊社叢書創刊感言

裴文中

爲充實在西北工作所需要的知識起見，我將現在已知的西北史前考古材料，搜集在一起，寫了一篇「史前時期之西北」。承西北通訊半月刊社分期發表，並將另印單行本，訂名爲「西北通訊社叢書第一種」。該社總編輯汪沛先生，囑我寫一篇序；我覺「序」可不必寫，但「感言」則似乎不可缺欠。

史前時期之「西北」，只包括甘寧青新，現時所謂之「西北」，則多將陝西也加入。因之，西北的區域，在現在的社會及人類中，則更覺得重要。

西北的重要性，久已爲人所熟知，我這裏不再提起。因爲人們熟知西北的重要，於是常常說：「開發西北」，「建設西北」。這與其他口號也一樣，久已夫成了一種空話。西北蘊藏着無限的資源，是上帝留給他的子孫的財產，我們應當開發出來，供給我們生活上的需要。現在人類的生活，日趨繁雜，一切天然的環境，不能滿足我們的要求，於是不能不「建設」，即改造天然的環境，以供我們利用。這種開發和建設的工作，是爲人類謀幸福的，不是爲個人爭名利的。所以辦開發及作建設事業的人，當有捨已爲人的精神，當有爲人羣謀福利的決心。若反觀我國現代社會中的人物，有幾個不是自私自利，希圖奴役他人，以供自已的享受？因此，我們常說的開發西北及建設西北等，不能不成了一種空話。一切地下的寶藏，仍然是在地下埋葬着；凡百事業，永遠在計劃中，無成功之一日。

我不相信：中國是沒有希望的。現在中國社會之糟，我覺得最大癥結，在於我們自己的隨波逐流。人家貪汚，於是我也隨之貪汚，社會上的人們都怎樣作事，於是我也如此去作。若長此下去，社會將要更糟更壞，而達到崩潰的境地。現在我們需要的是中流砥柱的人物。例如：爲官吏的，大家都在剝削人民，而我們則要扶助人民，爲人民謀利益。且我們要實行，不能談空洞的理論。理論是人人明白的，而且有人說得很中聽，很能動人，但不實行，只是用虛僞的言詞來騙人。

若再講到西北，我們非西北的人，往往是在繁華的都市中，尋求出路，不肯來西北，認爲西北文化落後，生活貧苦，偶而有從遠方來受苦者，也是抱着「淘金」的志願而來。我們現在應當提倡「來西北」，不可住在上海的洋樓裏，只圖享受物質文明；更不可來西北而存有升官發財的心理。這樣則不但不能幫助西北，而且要使西北更壞下去。我們要知道：天地生人，都賦予平等的權利和義務，我們不能以爲生在繁華之區，即以爲自己高貴；生在荒涼之地，即覺得鄙下。況且人類文明，實由於全人類彼此交換知識，互相教育，而能演進到現代的地步，絕非由於某一地方的人們的力量。我們生而爲人，當爲人類謀幸福，不要同鳥獸一樣，只爲自己而生存。

我說這種話，在聰明人看來，必認爲是在說傻話；來西北的人，必是傻人。但世界上有傻人，世界才有進步。且世界上也確有許多傻人，在那裏說傻話和幹傻事。我們若以西北爲例，請看甘肅山丹培黎學校的人們，在沙漠的邊緣，在荒涼的城裏，教育一般窮苦無依的兒童，而負責任者，却是曾經享受過最高物質文明的英國人！我覺得：我們提倡大家來西北，不是一個幻想，自然可有志同道合的人們來響應。

「自助者，然後天助之」，其次，我們要提倡西北地方人士的自己努力。當然人類不能存畛域之私見，加强封建割據的惡勢力；不過人類對於自已的鄉土，是有天然愛護的情感。西北的人士，爲西北的將來，爲西北的繁榮，應當特別比「外鄉人」加緊工作。不但在西北，即在全中國，我們人人均應急起直追，迎頭趕上，不然將永遠落在世界演進途程之後。因此，我們提倡：西北人士在外鄉者，回西北來，大家合力，將西北的事物，使他「現代化」。未去外鄉的西北人士，除了爲求知識和學技能的必要外，也可不必向外跑。

外鄉人在西北者，自已若有專門學識，應當敎育西北的青年，使可更發揚進展；自已有專門技能，應當傳授給西北的後輩，使可繼續改良。這樣方可以說，是盡了人類應盡的職責，不像貓狗一樣，一生一死，對於同類毫無關係，毫無裨益。

再次，我們應當知道，西北有西北的特殊民族，特殊的風情，特殘環境，以及特殊的需求。我們不能以不適合地方情形的事務，由外邊搬運而來，原封抬上來。我們全國的許多事業，多失敗在這一點，即仿效歐美，整個扮演上台，不能適合地方環境，於是行不通。因此，我們提倡興建西北，不必一定要仿效東南，也不必要非抄錄歐美不可，不妨應用現代的知識，「土法造製」。苟能如此，建設方能成功，不致走入失敗之途，西北的繁興，方可期其實現，不致成了一個美麗的好夢。

以上所說，也許太空洞了，離題太遠了，我現在再回到本題，並以本題爲例，來說明我們打算如何用自已拗小的力量，來舉辦西北事業中之一小角。

「西北通訊」發刊的主旨，即將西北的情形，報告到外邊，使大家明瞭，引起興趣，希望能有許多人來西北；另一方面，希望人們就西北的現況，加以討論和指導，以求得一個較好的發展西北的途徑；再一方面，并使西北人士自省和努力。

西北通訊叢書，則是就現在的知識，作一分別簡單的介紹，使西北人士更明瞭自己的本土，也使外人更瞭解西北。我們希望在最近期間，將西北的人民風俗，自然環境，社會的現況，以及歷史的背景等，均能寫成一種簡短的專書，逐步介紹出來，使大家知道。

「史前時期之西北」，權當這種叢書的第一種，也就是實行我們計劃的開始。西北之現狀，是由於過去的情形，慢慢演變而來，故史前的人類的文化和其變遷，我們當首先知道，方可談到史後及現在，再後始能計劃到將來。

至史前攷古工作，我個人是在百般困難之中，而能稍行推進的。我個人的意思，即要作些聰明人認爲傻的事情，是非公道，自然會有一天能判別出來。我個人更希望：此後史前攷古工作，與其他事業相同，也要由西北地方人士，担負起來責任。

由上述史前攷古的工作，我們再推廣到西北一切的事業上，我們個人盡自己能力所及，逐步前進，如此則所謂之西北，可有辦法，全中國，全人類也可有光明的未來。

民國三十七年五月　於蘭州。

目錄

一　序言

(甲)西北之地理特性

本文所謂之西北，包括新疆、青海、寧夏及甘肅幾個政治區域。就自然地理上講，這幾個區域的性質很不同，實應再劃分若干小區域。但這幾個政治區域，有一個共同的特性，就是它們的位置。它們是中亞的一部，多崇山峻嶺，山與山之間爲盆地，或爲沙漠，成爲亞洲大陸當中的脊梁，北有西伯利亞的草原和平原，東有中國東部的冲積平原，南由西藏高原與印度平原相隔，西爲中亞的草原及平原。在海運未開之前，「西北」是亞洲大陸四方交通的樞紐，而這東西南北各平原或草原又爲人類文化發達的中心，因之，這「西北」就成了各種文化的「交換台」，爲不同文化互相爭逐的中心。

南方的印度，雖隔有西藏，但西藏的高原是交通的障礙，中國與印度文化交流的路線，亦不能不繞道於西北。再中亞與歐洲大陸相接，歐洲爲西方文化發達的中心。中國沿海的冲積平原，又爲中國文化發達的中心，東西兩種文化交互傳佈的路綫，即在此西北。

以上係多指歷史時代以後的情形而言，歷史以前的人類文化傳佈的情形，當亦與此情形相似，因爲同受自然地理的限制。可惜我們現時對於西北的史前攷古工作，作得太少，我們應當多加提倡，以求有多人從事此種事業，以便由這個中心，解決其外圍的文化上不能解決的問題。

現就所知，將西北史前攷古上所得的知識，略述於後，以待後世學者的改正及補充。

（乙）史前時代略說

所謂史前時代者，係指自人類發見於地球表面之時起，迄於人類發見了文字，有了歷史記載之時止。至此時期以前之悠久的地質時代，因無人類存在，則不在本文範圍之內。

人類最初發見之時，約在地質時代上第四紀（Quaternary）即更新統（Pleistocene）之初，距今約有四五十萬年。當時的人類，由更原始的動物演變而來，有一部分性質與現代的人相近，另一部分性質與現代的猿相似，因而謂之爲猿人時期（Ape-Man Stage）。這個時期的人類，已發見者有北京猿人（即北京人）（Sinanthropus），爪哇猿人（即爪哇人）（Pithecantnropus）及德國海德堡人（Heidelberg Man）等。

猿人時期之後，人類演變與現代人相近，而僅很少的性質與現代的猿相似，是謂之尼人時期，即尼安德特人（Neanderthal Man）生存的時期。這種人及類似者的化石在歐亞非三洲，皆有發見，分佈頗廣。據現在估計，尼人時期距現在約有二十萬年。

人類再演變，即進入與現代人相同的一個階段，謂之爲眞人化石時期（Homo sapiens fossilis Stage）。這個時期的人類，與現代生存的各種人的性質相同，僅僅可以識別種族上的區別，即這種人類與現在生存的人類，僅有種族的區別，因爲他們的骨骸，至今已變爲石質，所以謂之爲眞人化石。據現在的估計，這個時期距現在約有十至五萬年。

以上三個時期的人類，都使用石頭打擊而成的石器，多半居住在山洞之中，在考古學上，謂之爲舊石器時代（Palaeolithic）。舊石器時代之後，是爲新石器時代（Neolithic）。新石器時代的人類，形態上與現代當地生存之人類，無重要區別，大部同種不同族。新石器時代的人類使用磨光的石器及泥土燒成的陶器，到新石器時代晚期，人類有固定的居住地方，可有簡陋的房舍，並種植植物（即農業）及畜養家畜（即牧畜）。各地新石器時代所佔時間不等，約在距今二三萬年至三四千年以前。

舊石器與新石器時代中間，尚有一個短促的中石器時代（Mesolithie），是舊石器與新石器時代過渡時期，在歐洲北部，考古學家研究甚詳，在人類文化演變的過程上，有重要的意義。

新石器時代之後，人類即發見了冶銅的技術，製作及使用銅器，是爲銅器時代（Bronze Age）。銅器時代之後，爲鐵器時代。

我國歷史，起於殷商時代，約在西歷紀元前一千四百年至一千一百年之間。在考古學上看，殷商時代已有很進步的銅器及文字（甲骨文），或爲銅器時代的鼎盛時期。再就我國歷史記載，鐵器約起於周末，盛於漢初。

（丙）先賢工作簡介

在我國西北考查的人們，多注意於歷史以後考古的調查，史前考古工作則少有人注意。且工作者多半是外國人，我們中國人的工作很少，而又多尚未發表，我們不能引證，頗覺遺憾。

一、初期工作者

瑞典人斯文赫定（Sven Hodin），英人斯坦因（A.Stein）及法人伯希和（Paul Pelliot）等，曾屢至新疆及甘肅河西走廊等地考查，對於史前遺物亦稍有採集，惟皆不重要，且當時之研究，就現時吾人之知識而言，亦多有錯誤。

二、安特生之工作

瑞典地質學家安特生（J.G.Andersson）博士，在民國初年時，來到中國担任政府中的礦業顧問。但是他後來的興趣，完全轉移到史前考古上去。民國十二年至十三年，他曾來到洮河流域，青海境內及河西民勤等地考查，並派員至隴南採集，發見史前人類遺址甚多，採購物品，甚爲豐富。經他自己及他人多年的研究，使我們明瞭西北史前的大概情形，本文所取材料，亦大半採自他的報告。現安氏的採集物品，一半存於瑞典京城（Stockholm）的遠東古物博物館中；一半存於南京及北平中央地質調查所中。惟在國內的一部，在抗戰期間，頗有遺失。

安特生氏分西北（甘青）之史前時期爲六期：

齊家期——約爲西歷紀元前二五〇〇——二二〇〇

仰韶期（在甘肅，以馬家窰代表住地，半山代表葬地）——約爲西歷紀元前二二〇〇——一七〇〇

馬廠期——約爲西歷紀元前一七〇〇——一三〇〇

以上三期爲新石器時代末期。

辛店期——約爲西歷紀元前一三〇〇——一〇〇〇

寺窪期（在甘肅洮河流域爲寺窪期，在青海則以卡窰代表之，二者究是否同時，尚待研究）——約爲

西歷紀元前一〇〇〇——七〇〇

沙井期——約爲西歷紀元前七〇〇——五〇〇

以上三期爲銅器時代。

安氏之分期，三十六年時，經著者及米泰恆之觀察，擬事修改。安氏所謂之「齊家期」，似與仰韶文化（即彩陶文化）爲不同系統之另一種文化，發達於隴西大夏河流域，更傳佈至洮河流域及青海境內。至其時代，中外考古學家，多就安氏之發見物，推論爲甚晚，如與辛店同時等，但就著者與米泰恆之觀察，安氏認爲彩陶文化最古之一期，早於仰韶時期，不無理由，尚待將來之研究（說明詳後）。

吾人現時採用之「仰韶時期」，其時代約相當於安氏所謂之「仰韶期」。然吾人則避免「仰韶文化」之說，而以「彩陶文化」代之。是以通常皆稱彩陶文化之仰韶時期，蓋因仰韶時期之後，除我國中原（如晉豫陝）外，彩陶文化似仍繼續存在，然受他種文化影響而變質。至仍保存彩陶文化之大部性質者，如安氏之馬廠期，辛店期，沙井期，似僅發達於甘青交界之處，河西走廊及新疆等地。

至安氏之寺窪期，則似與齊家文化或西北之塞斯安（Scythian）文化有關，或亦爲彩陶文化以外之另一系統。

三、中瑞西北科學考查團

斯文赫定氏於其最後一次赴西北考查之時，改組爲中瑞科學考查團，除瑞典人外，有中國地質學家及考古學家參加。該團於民國十六年出發，團員陸續歸來之時，則或三年或五年不等。

參加該團之瑞典考古學家爲布格曼（F. Bergmann），在新疆天山南路發見頗多，吾人對此地之史前時期之知識，多根據布氏之說。

瑞典地質學家步林（B. Bohlin），於甘肅河西發見舊石器及新石器時代物品頗多，惟其報告，尚未發表。

中國地質學家袁復禮氏在綏遠寧夏及新疆考查之時間甚長，發見最多。袁氏發見之原始獸類動物及恐龍等，已久爲世人所讚許。袁氏於考古學更有豐富之經驗及學識，在新疆之發見亦甚多，且甚重要，現袁氏正在進行研究中，不日可有報告發表。

中國地質學家丁道衡氏亦採有考古學上之材料，現在整理研究中。

中國考古學家黃文弼氏，於新疆各地，有重要之發見甚多，已有「高昌陶集」等專書發表，現正整理「羅布淖爾考古記」文稿，不日卽可問世。

四、中法西北考查團

民國二十二年時，法國西冲汽車公司（Citroen），擬試驗其爬行汽車穿行沙漠之效率，組織一探險隊，擬穿行新疆及內蒙，後經中國政府反對，改組爲中法西北科學考查團。該團因政治及人事上的糾紛，成績頗少，惟團員中的法國德日進（P. Teilhard de（hardin)及中國楊鍾健二氏，均爲我國中央地質調查所職員，除對地質上有貢獻外，對於史前考古亦發見甚多，吾人現時對於寧夏及新疆之史前考古知識，亦多採自二氏之報告。

五、抗戰期中之工作

抗戰期間，中央研究院歷史語言研究所夏鼐氏，曾至甘肅河西走廊及洮河流域從事考古工作，夏氏爲我國考古學專家，經驗學識皆甚豐富，在西北之發見甚多。現正在從事整理研究此項材料，不日可有報告發表。

北平研究院史學研究所黃文弼氏，於抗戰期間，亦曾至洮河流域考古，貢獻頗多，惟報告尚未發表。

此外國立西北師範學院何樂夫及中國銀行吳良才二氏，亦於甘肅蘭州附近從事考古工作，頗有發見。

二 新疆

（甲）細石器文化

我國之細石器文化，分部於東北內蒙及新疆諸地區，約自中石器時代起，迄於新石器時代之末，或銅器時代（註1）。此種文化以細長精製之打擊小石器及篦紋陶器爲代表。新疆境內，此種細石器文化分佈甚廣，南疆及北疆均有發見。茲就前人所知，略述如下：

三道嶺子——三道嶺子在哈密西約八十公里（參閱地圖一），德日進及楊鍾健二氏，於其地之殘餘黃土之最上部及地面上，發見石器頗多。石器中，有

（註1）裴文中著：中國細石器文化略說，燕京學報三十三期，民三十六年十二月，北平。

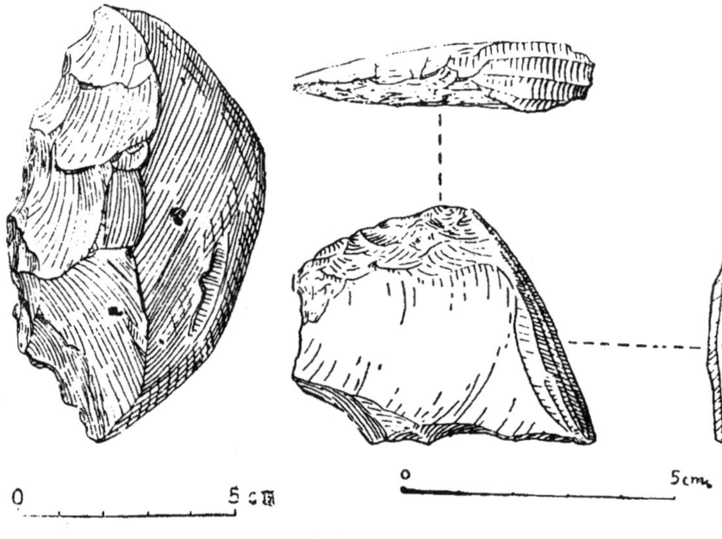

第一圖 A.新疆三道嶺子之敲刮器 B.新疆七角井子之石核（據德楊原圖）

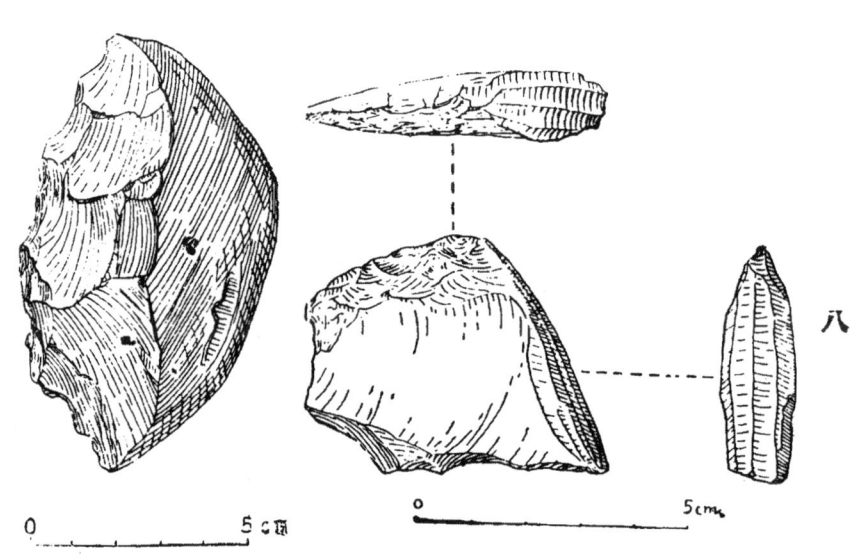

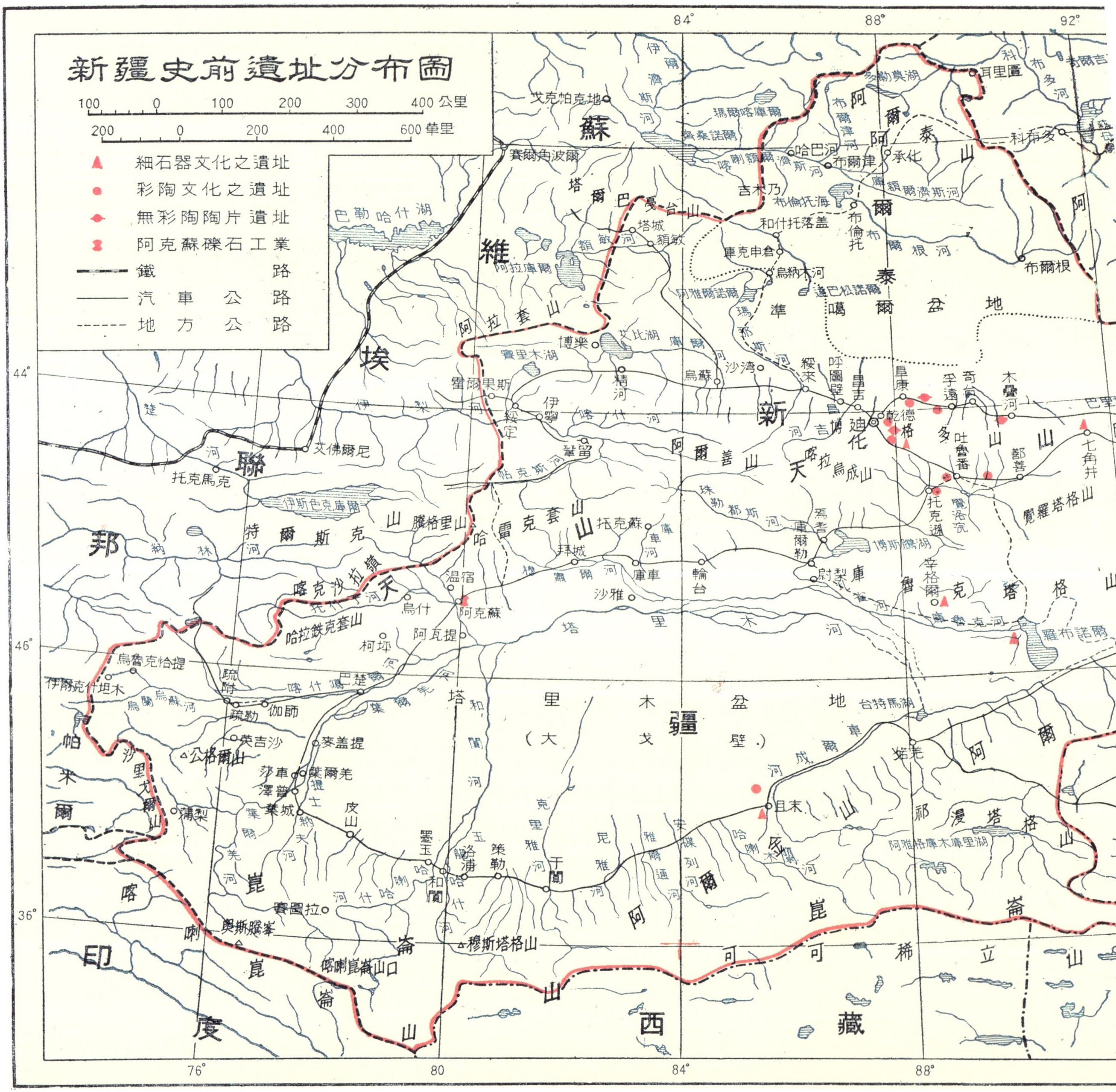
新疆史前遺址分布圖
100 0 100 200 300 400 公里
200 0 200 400 600 華里
細石器文化之遺址
彩陶文化之遺址
無彩陶陶片遺址
阿克蘇礫石工業
鐵路
汽車公路
地方公路
新疆
蘇聯
西藏
印度
準噶爾盆地
塔里木盆地
（大戈壁）
天山
阿爾泰山
崑崙山
阿爾金山
迪化
哈密
吐魯番
庫車
阿克蘇
和闐
于闐
且末
喀什噶爾
莎車
伊寧
塔城
吉木乃
承化
布爾津
哈巴河
布爾根
沙灣
烏蘇
綏來
呼圖壁
昌吉
阜康
乾德
孚遠
奇台
木壘河
鄯善
七角井
托克遜
焉耆
庫爾勒
尉犁
輪台
沙雅
拜城
溫宿
烏什
阿瓦提
柯坪
巴楚
伽師
疏附
疏勒
英吉沙
麥蓋提
澤普
葉城
皮山
墨玉
洛浦
策勒
蒲犁
烏魯克恰提
伊爾克什坦
羅布諾爾
博斯騰湖
艾比湖
賽里木湖
伊斯色庫爾
巴勒哈什湖
塔里木河
伊犁河
44°
46°
36°
76°
80°
84°
88°
92°

甚大之礫石打擊而成之敲刮器（參閱第一圖Ａ），小長石片，及錐形之小石核等。此種細小石器，均為細石器文化中之標準產物。至巨大之敲刮器，亦發見於細石器文化中，如熱河林西（註２）。

七角井子——七角井子西十一公里之地，於一寺旁，德日進及楊鍾健二氏，曾發見石器頗多，內有巨大打擊而成之石斧及扁形石核。此種石核曾發見於東北及內蒙諸地，為修製成石核後，尚未大量打製石片者，然亦可用之為刮削之器（參閱第一圖Ｂ）。此種石核亦為細石器文化中之典型標本。

柴俄堡——柴俄堡在吐魯番與迪化之間，布格曼氏於其附近發見細小之石核及細長石片等甚多，為甚標準之細石器文化中之遺物。

辛格爾——布格曼氏於辛格爾（吐魯番南）附近之砂丘中，發見陶片及石器甚多，陶片中多為紅褐色之粗陶，無彩陶。石器約皆為細小石器，石片及石核等，為細石器文化之特有物。石器之中有桂葉形者（參閱第二圖），此種石器亦發見於熱河赤峯，赤峯為彩陶與細石器混合文化之遺址（註３）。

羅布諾爾附近——布格曼氏於羅布諾爾附近，曾發見史前遺址數處，有磨光石斧及細小石器，如桂葉形之尖狀石器亦有發見。此數遺址所代表之文化，當與辛格爾者同，或同為細石器文化。

（註２）德日進氏比之於印度之棱安文化（Soan Culture），實為不必要之比較也。

（註３）濱田耕作等合著：紅山後，東亞考古學會叢刊甲種六號

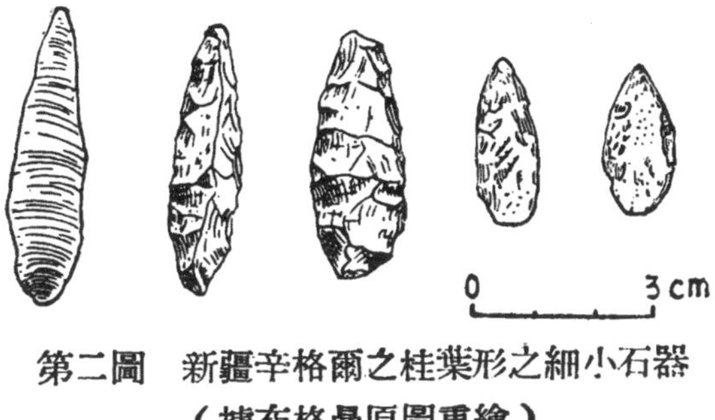

第二圖　新疆辛格爾之桂葉形之細小石器

（據布格曼原圖重繪）

且末（車爾城）——於且末之東南，約六十五公里之地，布格曼氏於山谷之旁，發見一史前人類遺址，內有陶片及石器，陶器與辛格爾附近者相似，石器亦均爲細石器。與東北內蒙所發見者相同。

除上述各地外，袁復禮氏於迪化及吐魯番一帶，亦採有細石器甚多，現在研究中。

（乙）彩陶文化

彩陶文化分佈於我國陝甘晉豫諸省，並遠及熱遼察綏諸地，爲長城以南，黃河流域，新石器晚期之文化，與我國之古代文化，或有相當之關係（註4）。彩陶文化更發見於中亞各地，與中國之彩陶文化有若何之關係，實爲科學上之重要問題。吾人若能解決此問題，對彩陶文化以及我國古代文化東來及西來之說，可立卽解決。此解決之途經，卽在新疆境內之考古工作。惟吾人對於新

B

A.

第三圖　A.新疆雅爾崖之彩罐（黃文弼原圖，採自安特生）
B.新疆且末之彩罐（布格曼原圖，採自安特生）
（以上二圖之尺寸不詳）。

疆之彩陶文化，現時知之尚少，尚待吾人今後之努力。

新疆之彩陶文化多爲黃文弼及布格曼二氏之發見，至袁復禮氏所採集者，則尚未有報告發表，吾人不能引證，實爲莫大憾事。

雅爾崖——由吐魯番附近，雅爾崖（舊高昌）溝北區，黃文弼氏曾採有彩陶陶片，銅器，骨器及磨光石斧等，並購得一完整之彩陶罐。此完整之器，單耳，底部似球形，色淺紅，似有陶衣，上有赭紅及黑色條形紋飾（參閱第三圖A）。骨器爲骨鏃，骨箭簇等；銅器爲一獸頭形之環，代表塞斯安（Scythian）文化之作風。陶器除彩陶外，尚有紅色淺底陶缽，單耳陶杯等。缽與彩陶文化晚期者相同，杯與沙井期者相似。

布格曼氏亦於吐魯番附近之雅爾崖發見彩陶陶片，與黃氏發見者同。

廟兒谷——廟兒谷在哈密之東南，約八十五公里之地，布格曼氏曾由其地發見彩陶陶片，布氏並開掘之。此種陶片，與雅爾崖及且末之完整陶器，爲同類之物。

勝金莊（Sengim Aghiz）在吐魯番東三十三公里，布格曼氏亦於其地發見彩陶陶片，與雅爾崖者同。

托克遜——托克遜在吐魯番東南，約四十五公里，布格曼氏亦於其地發見彩陶陶片，亦與雅爾崖之完整者相同。

且末（車爾城）——且末在阿爾金山之南麓，其地爲低窪之草地，有車爾城河經流，布格曼氏曾於其地採有彩陶陶片，並購得一完整之罐（參閱第三圖B）。此器之頸高，底小，腰部有二小耳

（註4）參閱裴文中著：中國之彩陶文化，瀋陽博物館館刊第一期，民三十五年，瀋陽。

，下部如球形。陶質甚細，外有紅色彩衣，上有白色及黃色之紋飾。黑色之條紋，或爲平行之彎曲綫，或爲直線交叉者。以此器器形論，似爲甚晚期之物。

以上各地之彩陶，與中國其他各地者，頗不相同，似在新疆境內，有其特殊地方性質。安特生氏以此新疆之陶器，比之於甘青之馬廠期（見後），但以著者觀之，似與沙井期者更爲接近。然無論如何，似爲彩陶文化晚期者。苟吾人之論斷爲是，則似此新疆之彩陶文化，由甘青傳佈而來，非由新疆傳佈而至甘青也。因此之故，安氏於其最後報告（一九四三年）中，似已放棄其彩陶文化起源於中亞之說，而謂彩陶似爲甘青之土著文化。

(丙)阿克蘇之礫石工業

阿克蘇在天山南麓，塔里木盆地之北，有阿克蘇河經流其地，入於塔里木河中。阿克蘇之東，有高出河面約二十公尺之台地，爲砂土堆積，有如沙漠。德日進及楊鍾健二氏於此台地之面上，發見史前人類之住地多處，採有陶器及石器等。陶器色灰黑，質粗，有籃紋及手製者。石器約皆爲大小之礫石所製，即天然之礫石，於其兩邊打擊之，使成可用之器具，因之，謂之爲「礫石工業」。石器中有磨製甚佳之石刀（第四圖A），及扁平礫石打成之盤形器（第四圖B），長礫石打成之石刀（第四圖C），及兩邊凹入之漁網石（第四圖D）等。

此種礫石工業，在我國尙甚少見，細石器文化中可有之，如熱河林西；廣西山洞中之中石器時代文化中亦有之（註5），然皆不甚相似，或此爲一種特殊之文化，惟吾人發見尙少，將來工作之時，當特別注意之。

（註5）裴文中著：廣西山洞中之中石器時代之石器，中國地質學會會誌十五卷，民二十四，北平。

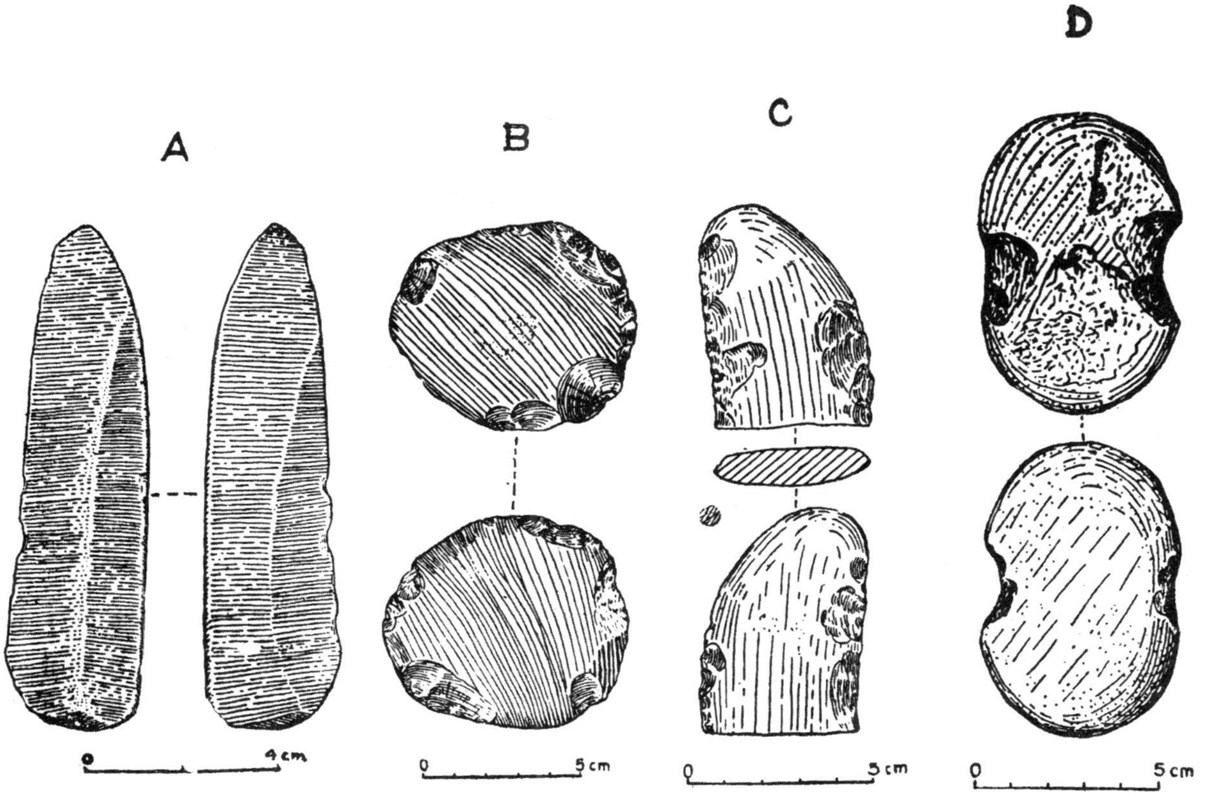

第四圖　新疆阿克蘇之礫石石器　A.磨光石刀；B.盤形器；C.打成之石刀；D.漁網石（據德楊）。

三　甯夏

吾人雖對於綏遠河套地方之文化，知之頗詳，但甯夏境內，則史前考古之工作甚少，僅有經過其地者，稍事採集。吾人甚盼能於最近時期，於甯夏境內，從事工作，以補足吾人知識上之缺欠。

德日進及楊鍾健二氏曾於烏尼烏蘇之東南，發見細石器文化之遺址，採有細石器多件。

德楊二氏更於中衛南四十公里之地（沙坨？），在黃河之左岸，沙丘之下，發見打擊之石器，與河套及甘肅所發見者相似，似爲舊石器時代者。

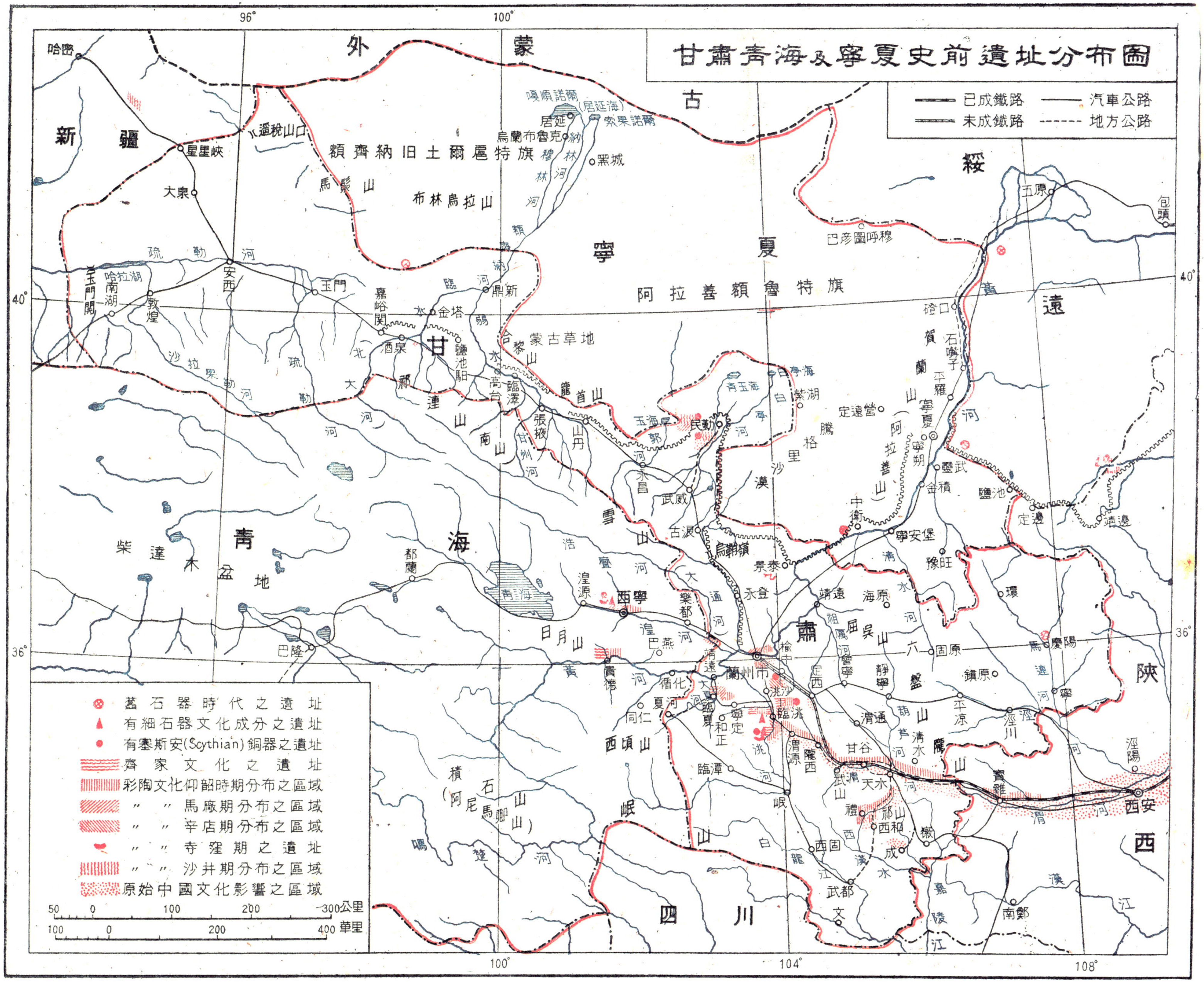
甘肅青海及寧夏史前遺址分布圖
已成鐵路
未成鐵路
汽車公路
地方公路
舊石器時代之遺址
有細石器文化成分之遺址
有塞斯安(Scythian)銅器之遺址
齊家文化之遺址
彩陶文化仰韶時期分布之區域
〃 〃 馬廠期分布之區域
〃 〃 辛店期分布之區域
〃 〃 寺窪期之遺址
〃 〃 沙井期分布之區域
原始中國文化影響之區域
50 0 100 200 300公里
100 0 200 400 華里
新疆
外蒙古
綏遠
寧夏
甘肅
青海
陝西
四川

四 青海

安特生氏曾於青海境內，作大規模之史前考古工作，吾人現時之知識，多根據其報告。安氏調查之範圍，大部在湟水流域，如西寧及樂都（碾伯）等縣，及黃河上游，貴德附近等地。至青海（湖）之附近，安氏亦曾調查之，惟至今未發表報告，吾人不得而知。

由安氏之報告，吾人於青海境內之史前文化，得一甚奇特之印象，即各地之史前文化，多爲混合文化，此或因安氏對於地層之研究，未甚精確之故。然如安氏之觀察無誤，則吾人或可視此青海區域爲史前文化交流之中心，是以各文化中心發達之各種文化，皆向青海境內傳佈，而相遇於此，彼此混合，以自然地理之形勢觀之，此似爲可能之現象。苟如此，則將來青海境內之史前文化之研究，或可爲研究各種文化之鎖鑰，許多不能解決之問題，可由此解決。是以吾人對於青海境內之史前考古工作，實寄以莫大之希望也（註6）。

青海境內之史前混合文化，可分四大類，彩陶文化約皆爲主要之成分。彩陶文化曾盛行發達於晉豫陝甘諸省，當最盛之時（即仰韶時期），亦曾發達於青海東部；惟此後，中原區域（魯晉豫陝）有原始之中國文化（即商殷以前之文化）發生，且勢力强盛，彩陶文化因而衰落，沿渭河流域而至隴南及隴西。然此種彩陶文化在隴西及青海東部者，則受原始中國文化之影響較少，而能繼續存

（註6）著者更有一種印象，張騫通西域之前，即所謂絲路（Silk Road）未開之前，東西洋交通之主要路綫，非甘肅之河西走廊，實爲此青海至南疆之路（即現青新公路）。惟此說，尚待將來考古學家之證明。

在；同時其他文化亦傳佈而至，是以形成彩陶文化與各種文化之混合文化。

細石器文化分佈於東北內蒙及新疆，或於彩陶興盛之時，已至青海境內，如西寧之朱家寨所代表者，卽彩陶與細石器之混合文化。

齊家文化，似發達於大夏河流域，東傳至洮河流域，西行及於黃河上游，如貴德之羅漢堂。然甘肅境內之齊家文化亦曾受有細石器文化之影響，或此種細石器文化由青海東部而傳佈至隴西。

西伯利亞及我國境外西北各地之塞斯安（Scythian）文化，約皆以銅器代表之。則此種文化於較晚之史前時期，傳至青海境內，如西寧縣卡窰及下西河等地。

至最重要之原始中國文化，其代表物，如灰色繩紋陶鼎陶鬲等，則似亦由渭河上游傳佈至此，惟當時之彩陶文化並未因之而衰落，而仍繼續昌盛，是卽安特生氏之馬廠期，在青海境內之遺址，如樂都之馬廠沿及西寧西之十里鋪等。

吾人再就各地之發見，略事說明如後。

(甲)彩陶及齊家文化之混合文化

吾人現時所知彩陶與齊家之混合文化，僅有貴德之羅漢堂一地，苟吾人上述之推測爲是，則將來當於循化、巴燕、同仁各地可尋獲此相同之史前遺址。

安特生氏謂齊家文化爲彩陶最早之一期，然貝林阿爾沁夫人（M. Bylin-Althin）則似否認此說，以爲齊家爲「晚期」者（註7）。著者於三十六年，在洮河流域調查之結果，則認爲齊家爲彩陶以外之另一系統之文化，謂之爲「齊家文化」，分佈於大夏河流域，以安佛拉（Amphora）式陶器，篚紋陶，及打擊之石器爲代表品，至其年代與仰韶時期，孰先孰後，則爲未能決定之一問題（詳見後）。

羅漢堂在貴德之西，約二十公里，在黃河之北岸，另一河谷之中。史前遺址位於村西約三里之地，在高出現河面約三十公尺之黃土台地上，四週皆爲高崖，孤立如島。

安氏曾正式開掘此地，發見陶器骨器及石器甚多，由貝林阿爾沁夫人研究，最近發表。

安氏曾於此史前遺址中，發見「窰底」，安氏以爲或爲燒陶之窰。然據著者在洮河之經驗，就安氏之敍說，此實與瓦家坪發見之石灰住室相同，安氏開掘者爲室中之燒火之地（詳見後）。惟羅漢堂者，其特異處爲下部有人工鋪成之扁平礫石一層耳。

由羅漢堂所發見之陶器，有兩大類：彩陶及單色陶。彩陶之陶質純細，色黃或淺棕，表面光滑，紋飾爲黑色之條紋，器形多爲缽碗之類，與洮河流域馬家窰所發見者，幾完全相同（第五圖D）。

單色陶可分粗細二種，細質者色紅黃，有安佛拉式者（第五圖B），有下部爲篚紋之巨大陶罐等（第五圖A）。粗質者，內有砂粒，色灰、黃、或紅棕，表面有繩紋，篚紋及方格紋等，器形約皆爲巨大之罐（第五圖C），盆、碗、之類。

（註7）該氏似亦認爲齊家爲另一種文化，但未明言。

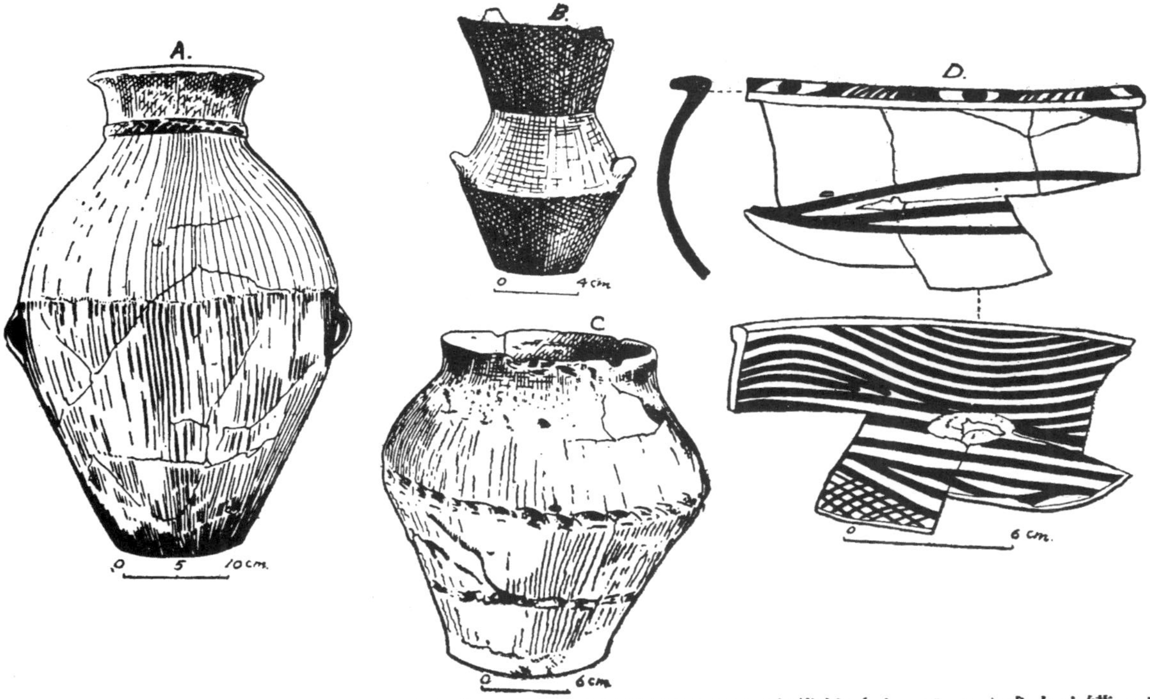

第五圖　青海羅漢堂之陶器　A.巨大之陶罐，下部爲籃紋；B.安佛拉（Amphora）式之小罐，二大耳已破去；C.灰色繩紋陶罐；D,彩陶陶片（比較第十八圖B）（據貝林阿沁原圖重繪）。

骨器中有骨針，骨錐及骨籤等。石器中有長方有翼之石刀，有雙孔之長方石刀（第六圖），磨光之石鏃及石環等。

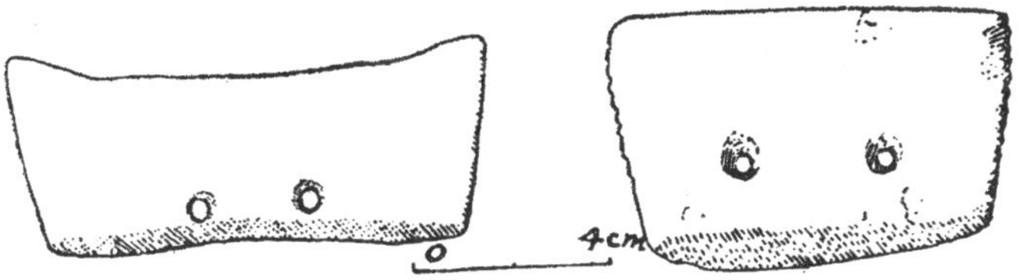

第六圖　青海羅漢堂之石刀，有雙孔（據安特生）。

此羅漢堂之遺址，似甚特殊，彩陶與洮河流域之馬家窰者（即彩陶文化仰韶時期），完全相同，而另有齊家文化之標準型安佛拉式之雙大耳陶罐。以洮河流域論，二種產物，約皆不在同一之地點，或在同一地點，而不在同一之台地上。而此地，則似在同一地點及同一地層中，此或因安氏匆忙開掘之結果，未能分別詳細之地層，齊家與馬家窰二種器物，實不在同一地層中。惟此則非待將來之開掘，不能改正之。現時則吾人暫以彩陶及齊家二文化之混合遺址視之。

（乙）彩陶與細石器文化之混合文化

安特生氏於青海（湖）之附近，曾發見史前遺址，內似有爲細石器文化者，惟尚無所發表。現時吾人所知安氏之發見中，僅西寧之朱家寨有細長之石片及小石核，爲細石器文化之標準產物，惟無其他可代表細石器之器物，或因採集不完全之故。朱家寨之大部器物爲彩陶文化所有者，或此地所代表之文化，爲彩陶與細石器之混合文化。

朱家寨在西寗西，約十七公里，位於湟水（西寗河）之北岸，史前遺址之地位甚低，僅高出現河面一二至十三公尺，現時之村莊，即在此遺址之上。

村南爲一葬地，村中爲住地，安特生氏曾開掘葬地及住地，所得器物甚多。

墓葬中之人骨，多零亂不全，殉葬物亦多破毀，安氏認爲或因最近地震之關係。殉葬物中有彩罐（第七圖），與洮河流域之半山者相似（詳見後），亦有殉葬之灰色紅色之雙耳罐，及光面或繩紋者。殉葬物中，最令人注意者爲骨片（第八圖C—E），及骨刀，上嵌火石片（第九圖A）。骨製仿貝形之物（第八圖F），更當注意。

住地中，多彩陶及灰色紅色陶片。彩陶上多條形黑色花紋，與馬家窰者相似。石器中如石錛，石斧爲常見之物。長方石刀之中，有有翼雙孔者（第九圖B）。最令人注意者爲細長小石片及小石核（第八圖A及B），均代表細石器文化之產物，前已述之。

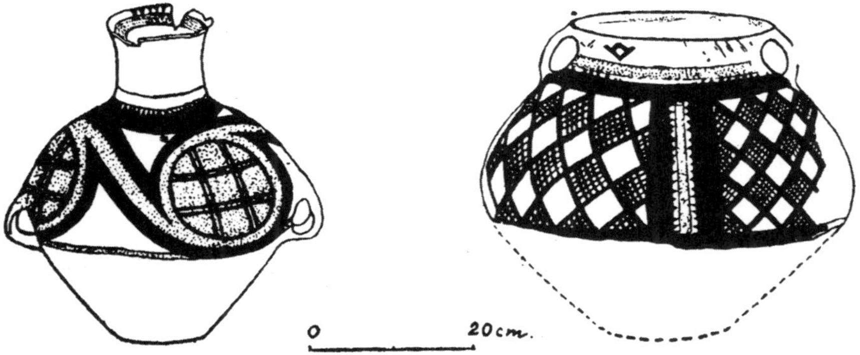

第七圖　西寧朱家寨開掘所得之彩罐，均爲殉葬物（據安特生原圖重繪）。

安特生氏認爲朱家寨爲仰韶晚期；著者則認爲此遺址則代表彩陶及細石器之混合文化，此彩陶之成分，或相當於仰韶時期，或如安氏之說，稍晚於仰韶時期。

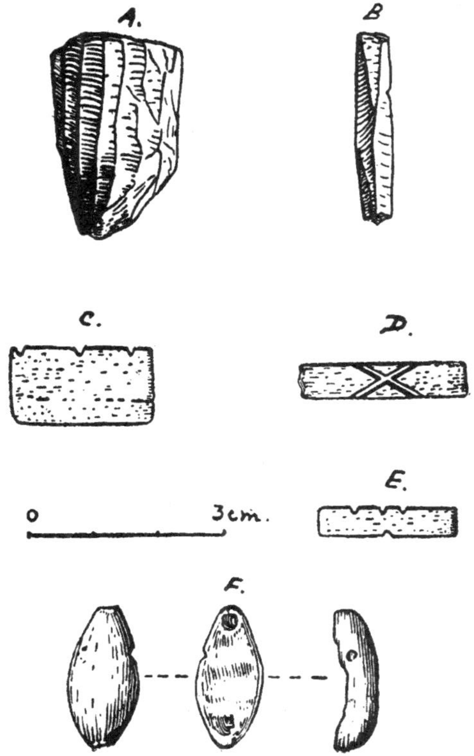

←第八圖　西寧朱家寨之石器，骨器
A.細石器石核；B.細石器石片；C—D.骨片，用途不明；F.仿貝形物（據安特生）。

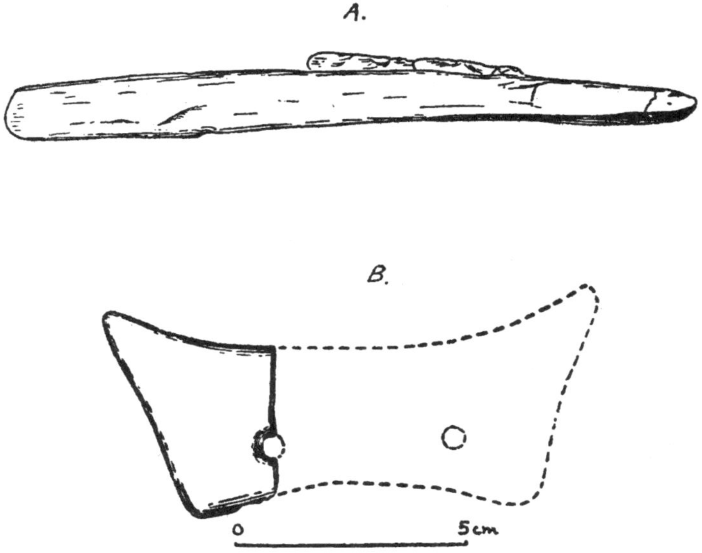

第九圖
A.西寧朱家寨之骨柄嵌石（細石器石片三個）石刀；
B.西寧朱家寨之有翼雙孔之石刀（據安特生原圖重繪）。

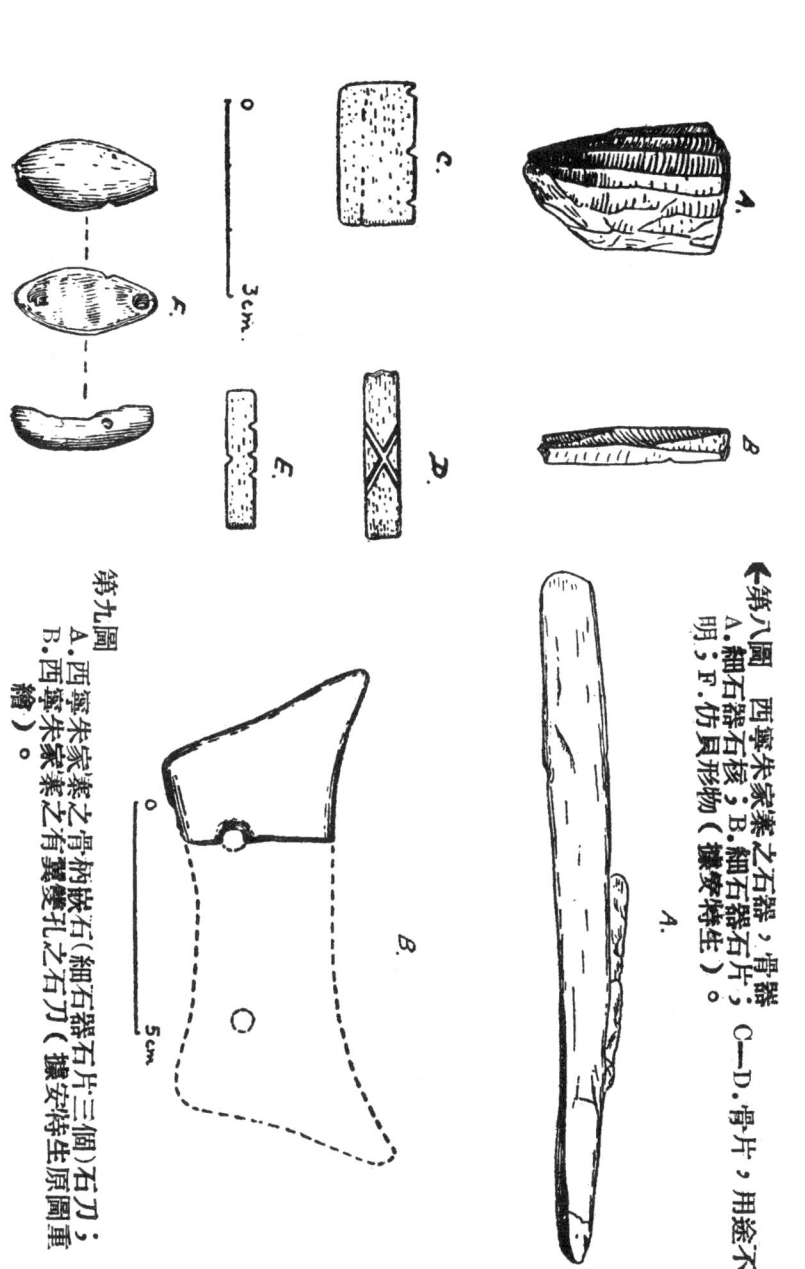

（丙）晚期之彩陶文化（馬廠期）

據安特生氏之說，甘青之彩陶文化，共分六期，爲齊家，仰韶（即半山及馬家窰），馬廠，辛店，寺窪，沙井。馬廠期之葬地及住地均發見於青海東部，前者在樂都之馬廠沿，後者在西寧之十舖里。

按馬廠期之彩陶，製作精細，惟多於表面，加以陶衣，與仰韶時期者相比，似爲稍形退化者，是以安氏認爲較仰韶時期稍晚。馬廠期之遺址，多分佈於青海東部，甘肅河西走廊，大夏河流域等地。著者認爲：當彩陶文化稍行衰落之時，我國中原地區，有原始之中國文化興起，沿渭河而至隴西，當地生存之彩陶文化，因而西移，繼續繁衍於青海東部及河西走廊一帶，是爲馬廠期之彩陶文化。

以葬地論，最能代表馬廠期之彩陶文化者，爲樂都之馬廠沿，其地適在大通河入湟水之處，在湟水之南岸，惜安氏未能親身開掘之，所得之物，不無問題，惟盼吾人能早日從事此地之調查及開掘。

由馬廠沿所採之殉葬彩陶，多體高頸短（第十圖D），花紋較簡（第十圖BC），花紋中，有雲紋者，或爲受原始中國文化影響之象徵。

十里舖之遺址，爲一馬廠期居住之地，在村之東，溪流之旁。安氏曾由此地採得彩陶及單色陶片。彩陶表面有紫紅色之陶衣，有簡單之花紋。單色陶多爲紅色者，有單耳之三足鼎（第十圖A）及鬲足等。此種鼎鬲，爲變形者，尚非眞正之鼎鬲，有如我國沿海之黑陶文化中之物。

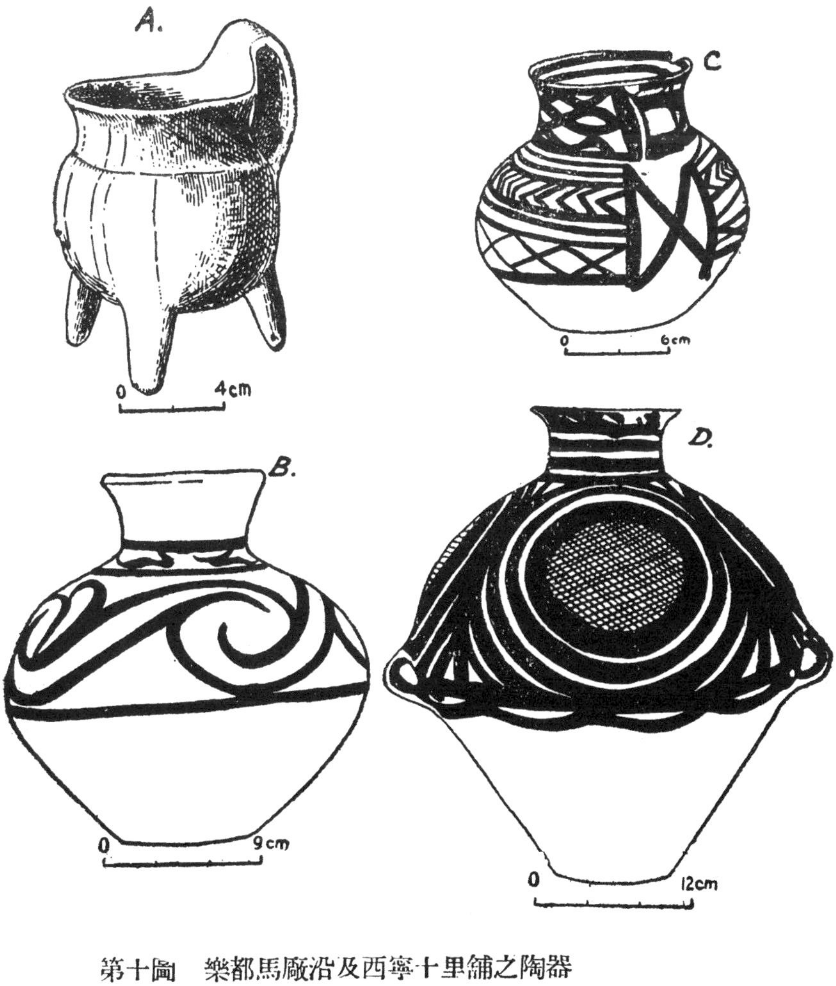

第十圖　樂都馬廠沿及西寧十里舖之陶器

A.十里舖之三足器；B-C.花紋較簡單之彩罐；

D.花紋較精細之殉葬彩罐（據安特生原圖重繪）。

除十里舖外，下西河，卡窰，及朱家寨等地，亦有馬廠期之彩陶陶片發見。

(丁)塞斯安銅器輸入後之文化

馬廠時期之後，彩陶文化似又進至洮河流域，同時塞斯安（Scythian）文化中之銅器，自西北輸入，是爲安特生所謂之辛店期。辛店期之彩陶文化，似在青海境內不甚發達，安氏未能尋獲之。其後，彩陶文化大行衰落，即當時使用之陶器，爲棕紅色，表面光滑，上無彩飾，安氏謂之爲寺窪期。此時期之銅器已漸多，約皆與西北之塞斯安之文化中者相似，或其時塞斯安民族侵入此地。惟在洮河流域，或仍受原始中國文化之影響較大，而在青海境內，則較少。因之臨洮寺窪山之墓葬，多有殉葬之陶鬲陶鼎等，而青海之卡窰及下西河則無之。二地雖可同時期，但地域不同，因所受外來文化之影響不同，而稍有區別。

青海寺窪期之葬地，均發見於西寧縣境內，一爲卡窰，在朱家寨北二十里，爲寺窪期之墓葬；一爲下西河，在卡窰之西北，在河谷之西，有墓葬及住地。

由卡窰及下西河所發見之陶器，多有四耳（第十一圖B）。由此二地所發見之銅器，有銅刀銅扣紐等（第十一圖CDE），此外尚有骨錐及骨針等。

按陶器之器形及製法，與辛店期者頗相似，惟無彩繪，故安特生氏認爲此種陶器爲辛店期退化後之物，名爲寺窪期，晚於辛店期。

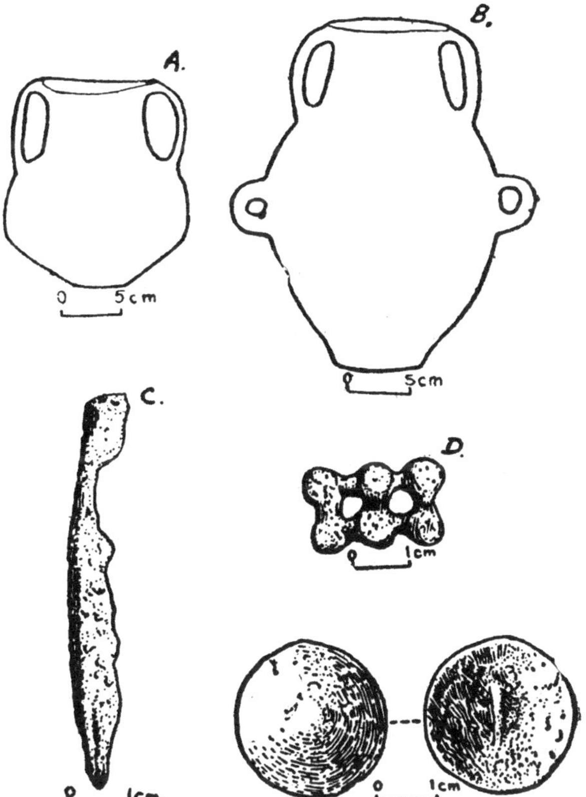

第十一 「寺窪期」之遺物

A-B.殉葬之陶罐； C.銅刀；D.銅鍊；
E.銅扣(據安特生原圖重繪)。(以上各物
發見於西寧之卡窰及下西河）。

五 甘肅

甘肅為西北最重要之區域，與我國中原接壤，為中國文化西進之基地，西方文化輸入我國，亦以此區為交通要道。歷史時期如此，史前時期亦相同，實為地理上條件所構成之必要現象也。

甘肅原為各種複雜岩石所構成之一高原，後為水流冲蝕，形成縱橫交錯之河谷。至地質上第四紀之時，河谷及低山之處，有黃土吹來，與當地之砂土，生成甚厚之黃土。河谷兩旁，黃土多堆積於台地上，此台地即為人類寄居生存之所，種族繁演，迄於今日。古代人類之交通，亦以河谷為路線。河谷交叉之地，交通方便，可達各方，人口增加，因而發達為村鎮及都市。自史前迄於今日，皆如此情形。

人類文化在河谷中繼續演變，更受東來及西來文化之影響，嬗變迅速，情形複雜，千百來年，莫不如是，因是，吾人常謂甘肅境內，有特殊之「河谷文化」。

甘肅境內之大部河谷中，有台地最多者五層，概括言之，最高者約高出現河面二三百公尺，多為地質上所謂上新統（Pliocene）之紅土及紅色土堆積，至今尚未有人類遺物發見。此最高者，有時成平坦之山頂，或馬鞍式之圓山，上覆甚薄之黃土，吾人常謂之為第五台地（「T_5」）。再低多為紅色土及上覆薄層黃土之不完全台地，通常謂之為第四台地（「T_4」）。再低則為第三及第二台地（「T_3」「T_2」）。在甘肅境內，約皆發達甚佳，高出現河面約七八十至四五十公尺（註8），表面覆以甚厚之黃土，可厚至三十公尺，然多在十公尺上下。安特生氏謂此台地，為「馬蘭台地」。黃土之下，為堅硬之礫石層，再下為各種顏色，如紅綠紫色之粘土及砂岩，含水量甚大，河旁之泉水，則由此層內湧出（註9）。第一台地（「T_1」）僅高出現河面二十至三十公尺，台地上多爲砂質黃土，下有礫石層。河岸兩旁，常有高出現河面僅五至十公尺之平地，河水暴漲之時，可淹沒之，在地質學上，謂之冲積面（Flood Plain）。

以上各種台地，與人類之關係，至爲巨大。由現代上溯至漢代，人類大部居住於冲積面上，（居住於高處者亦有之，因人口發達較密之關係）。第一台地上，則多爲周代及史前時代晚期人類居住之地。第二及第三台地，則爲史前仰韶時期人類居住之地。至第四或第五台地之上，則或僅有仰韶時期之葬地。以上情形爲甘肅（或及青海）普遍之情形，雖時有例外，但考古學家若按此方法調査，可不致浪費時間也。第十二圖爲天水三陽川附近之地形投影圖，可表示台地與人類居住之關係。

再史前，古代及現時人類居住之地，恆在支流入河之處，由高台地逐步下移，數千年來，未離其地，只現代之住地在冲積面而已。故吾人於一地，可研究數千年來，文化之嬗變情形。然亦因此，如考古學家對地層之研究不詳，則恆將各時代之物，混合爲一，而陷於不能分辨時代之錯誤。

按甘肅之地理情形，更可分爲若干區，各區之情形不同，史前文化發達及嬗變之情形亦異，若簡略言之，可分：隴東、隴南、隴中、隴西，及河西五區。

以史前情形而言，隴南及隴西二區爲最重要。隴南包括渭河上游及西漢水流域。就中渭河上游

（註8）在甘肅（或其他省亦同），此二台地，均謂之坪（或塬），在坪上之村莊，謂之爲×家坪。

（註9）在甘肅各地，此層之名詞不同，如貴德系，甘肅系，徽縣系等，然約皆相似，或爲同時期相似情形生成者。甘肅之石膏，井鹽，多在此層內生成。

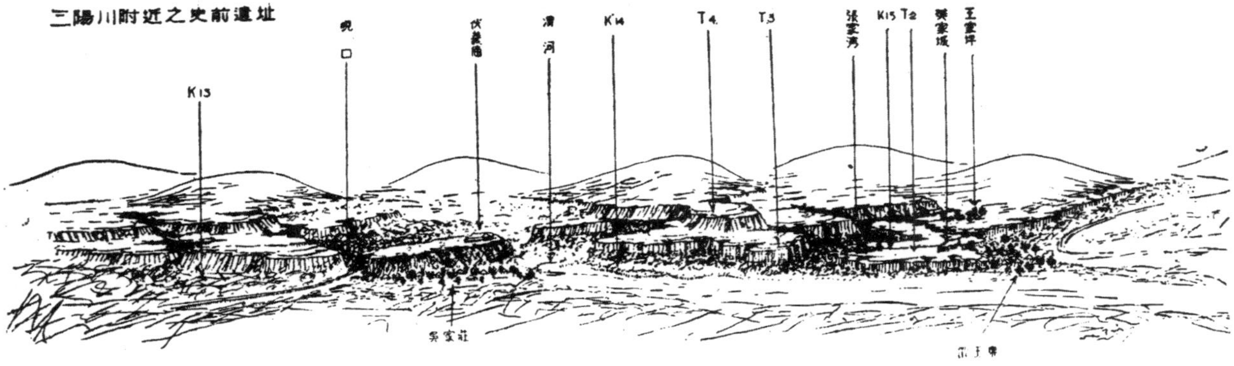

第十二圖　天水三陽川附近之史前遺址

T$_2$，T$_3$，T$_4$ 爲河岸第二，第三及第四台地，第一台地未發育，第五台地即較高之圓頂山；

K13，爲史前人類住地，時代未詳；

K14爲彩陶文化衰落時期人類之葬地(？)；

K15爲彩陶文化鼎盛時期(即仰韶時期)之住地(裴文中繪)。

爲東西交通必經之要道，爲中國文化（包括原始及早期）西進之根據地；反之，西方文化之輸入中原，亦以此爲根據地，故此地之史前考古工作爲最重要，最有興趣，且關係中國文化之生成最巨。至隴西區，則指洮河流域及大夏河流域而言，此地之史前考古工作最詳，吾人知之甚多，且此區域爲中國文化前進之前哨(Out-post)。西方文化之侵入，亦由此區域而東行。現時此地爲漢、回(蒙)

，藏三族雜處及爭逐之區，史前時期亦爲三不同文化互相消長之地。故此區域之重要，在於研究東西文化之互相關係。

至隴東隴中及河西之史前考古工作，尚少實行，或此三區之史前情形不如上述二區之重要也。玆再分述各區情形如後。

（甲）隴東

所謂隴東者，指涇河上游而言，或此區域與我國之原始文化之生成，亦關係甚大，然現時吾人則知之尚少，難於推測。

法人桑志華(E.Licent)神父，於民國十二年時，曾至甘肅慶陽附近，由黃土下部之礫石層中採有石英岩製之石器三件，內有一爲石英岩石核(第十三圖)

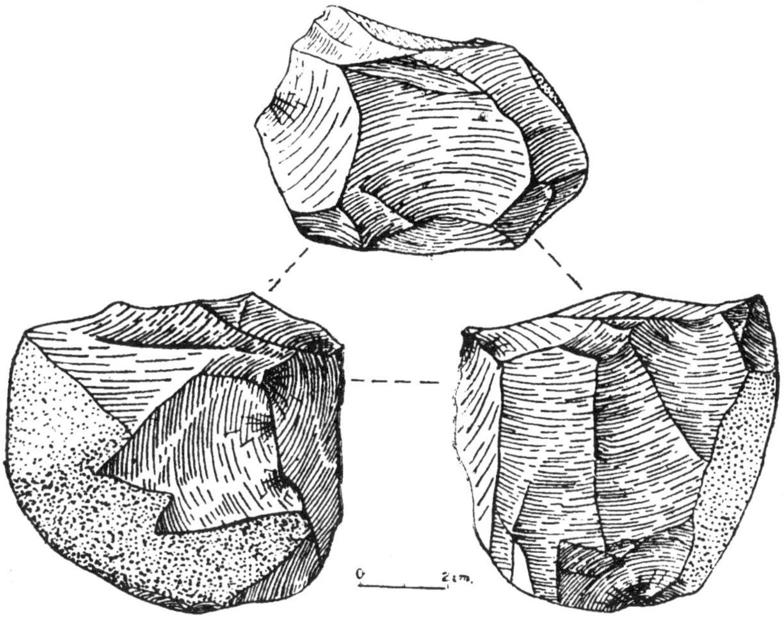

第十三圖　甘肅慶陽之石器爲石英岩打擊而成之石核，發見於黃土下部之礫石層中，(據德日進)。

，確爲舊石器時代之物，與陝北河套等地發見者相同。此外桑氏於黃土中，亦採有石器，同爲石英打擊而成，或相當於舊石器時代之「河套文化」。

由上所述，可知隴東一帶有舊石器時代之人類存在，新石器時代之人類，或亦繼續生存於其地，惜吾人尚未能從事調查。

(乙)隴南

本文所謂之隴南，計包括渭河上游（天水、甘谷、武山、隴西等縣）及西漢水流域（成縣、禮縣及西和）。此二區域之史前文化情形，頗相似，似由天水南之南河及鹽關河上游相連。此二區域，僅稍有地方性質之不同，同爲仰韶時期彩陶文化極發達之區，其後即受由渭河下游傳來之原始中國文化（如商殷以前者）之影響，彩陶文化因而衰落甚速，其後原始之中國文化（如商殷時期者）更相繼而至，遂使彩陶文化幾乎滅亡。最後，更强盛之中國文化繼至，如漢代者，遂完全爲漢代文化所征服，而完全「漢化」。

至渭水上游之土著文化（彩陶衰落時期）受原始之中國文化（商殷以前時代）之影響，而產生强盛之混合文化，沿渭河而東侵，在渭河下游更行發達，此或即「周民族」之文化；後再進至中原，滅殷而興起，承襲及吸收殷商之文化，是爲「周代文化」。周代文化再經嬗變，而爲漢代文化，由中原而至四方。其向西者，至渭河上游，完全消滅前之周民族文化，代而興起。

以上文化傳佈之臆說，爲著者及米泰恆於三十六年調查後，所推論者，尚待將來之證明。

隴南之史前文化，約可分三期，如下：

（一）彩陶文化鼎盛時期，即相當於安特生氏所謂之仰韶期，現謂之爲彩陶文化之仰韶時期。此時之人類，使用打擊之石器，磨製之石斧石䃺及骨錐骨針等，並有陶環及石環等爲裝飾品。陶器有粗陶及彩陶二種。粗陶多灰色繩紋，多爲盆缸之類。彩陶質細，色紅黃，表裏磨光，有黑色紋飾，以花紋而論，有似洮河流域之馬家窰式者；有似河南澠池之仰韶村及廣武之秦王寨者。

以遺物而論，實爲連接河南仰韶村之彩陶文化及洮河流域之彩陶文化（如馬家窰）之路綫；連接之時，爲仰韶時期。

此時期之重要遺址，有天水之樊家城，甘谷之五甲莊，禮縣之稱家磨等地。

（二）彩陶文化衰落時期，因尚待將來之研究，故未訂名，約相當於洮河流域之馬廠期。彩陶文化於仰韶時期之後，受中原之原始中國文化（商殷以前）之影響，彩陶文化衰落，即人類製作彩陶之技術低落，且使用較少。例如：陶器上常有紅色陶衣，花紋簡陋，或只邊緣部有之（如第十四圖AB）；灰色及紅色繩紋陶增多，亦漸有三足器之輸入，惟此種三足器，多爲有大耳者，樣式較普通常見之鬲鼎爲複雜。發見此時期遺物之地點，重要者爲天水之七里墩，武山之石嶺下等地。

（三）彩陶文化極衰時期，亦尚未訂名，約相當於洮河流域之辛店期。彩陶文化受中原再傳來之文化（商殷時期）之影響，更行衰落，陶器則只於邊緣處有黑線一條，是爲彩陶文化之遺跡（第十四圖D）。大部細陶爲紅色者，製法與彩陶同，且多有輪製痕跡，但無彩繪。此外更有製法相同，而色灰或色黑有亮光者（第十四圖C）。同時灰色繩紋陶增加，眞正之鬲，足短無耳，大量使用，表示此種文化，已大部屬於中國文化之系統也。

此時期之遺址，在隴南甚多，如天水之老君廟，武山之毛家坪等地。

此外，在同一地點，上述三時期之人類，有皆繼續居住之者。且以後由漢迄於現代，尚有人類居住之。如天水之羅家灣，西山坪，及禮縣之西山等地，皆其重要者。

以上三時期之後，彩陶之痕跡，已完全消失，爲灰色繩紋陶所代替。鬲類物更多，且有甚巨大者，例如隴西之西河灘等地。然隴南各遺址中，則似多爲漢代文化所代替，銅器甚多，無陶鬲，灰色之陶器，則色青灰，繩紋較粗，與西河灘者，則頗有區別。

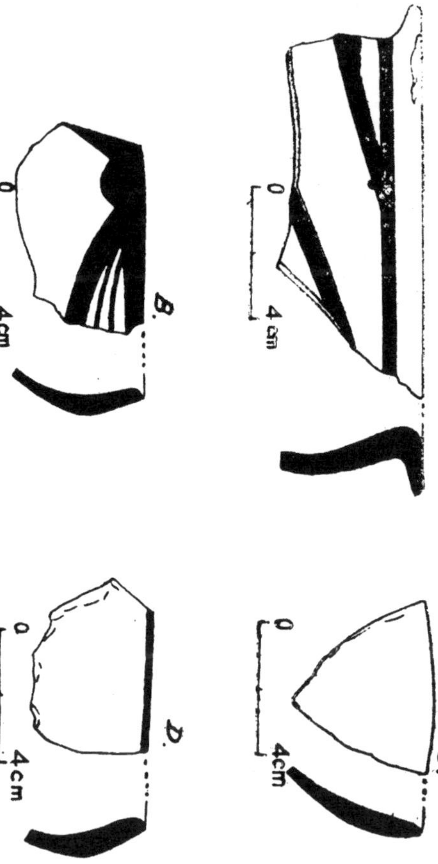

第十四圖 渭河上游之陶片 A.B.彩陶文化衰落時期(第二期)之陶片，花紋簡單，只表面之邊緣有之； C.黑色有光之陶片，無彩繪，彩陶文化極衰時期(第三期)； D.紅色光面之陶片，僅邊緣有黑線一條，彩陶文化極衰時期(第三期)(據裴米)。

(丙)隴中

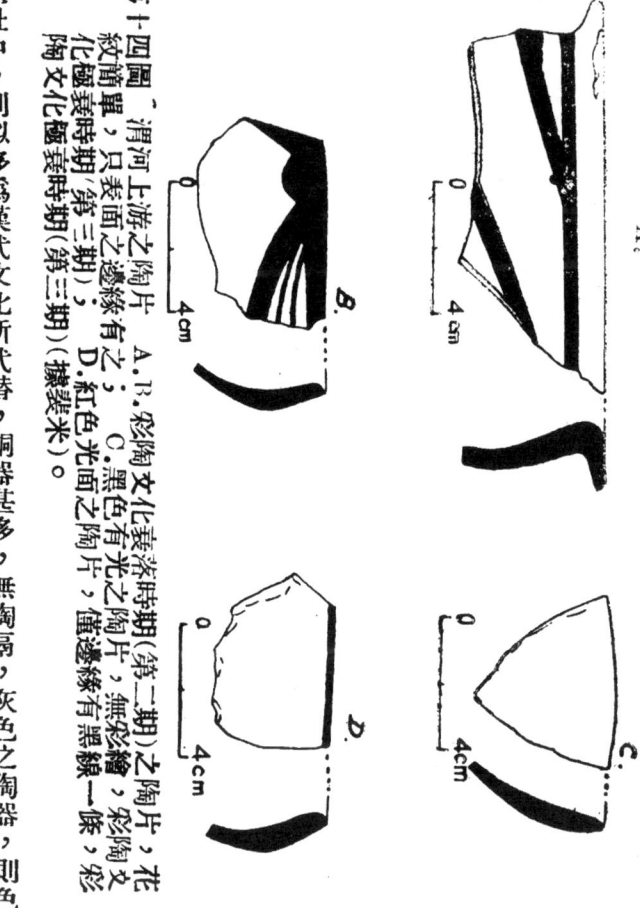

本文所謂隴中者，指祖厲河流域及黃河附近而言。榆中縣境內之高營，大石泉，陣家峴子，及小石硤等地，安特生氏皆採有仰韶時期之彩陶，惟未見其報告。祖厲河流域尚未有人從事攷古工作，吾人僅知定西一處。因是，所謂隴中區者，似僅有蘭州附近耳。

定西之城北，河溝之兩旁，有灰層甚多，內有紅色及灰色繩紋陶，無彩陶陶片之發見，約相當於上述隴南之第三期。

蘭州附近，屬於仰韶時期之遺址，有十里店，西菓園，青岡岔等地。有殉葬之陶罐發見；並有石斧骨針等物共生，此外四墩坪及中正山附近，亦有彩陶或灰陶發見。至中山林發見之彩陶，似爲馬廠及仰韶期者。以上各地之時代及產物之性質，尚待何樂夫夏鼐及吳良才諸氏之報告，吾人現時所知者，實只限於此耳。

(丁)隴西

本文所謂隴西者，係指洮河流域及大夏河流域而言，如洮沙、寧定、臨洮、臨夏等縣。前已說明，此區域之特性，卽爲各種文化互相爭逐之地，勢力互相消長。吾人若研究此區之史前時期，當首先研究各文化之特性及彼此交錯影響之複雜關係。就吾人現時所知者，此區域之文化，可分：（一）齊家文化，(二)彩陶文化及(三)「寺窪期」所代表之文化等。玆分述如下：

(一)齊家文化

前已言之，安特生氏前調查洮河流域史前遺址之時，謂寧定縣齊家坪所代表之史前文化，爲彩陶文化最早之一期，在仰韶時期之前，謂之爲「齊家期」。安氏自始（一九二五年）至終（一九四三），堅持此說。至研究齊家坪器物之貝林阿爾沁氏（M.Bylin-Althin）則似認齊家期可晚至辛店期，雖無銅器發見，但陶器之形製則似仿銅器者。國內考古學家亦多認爲齊家期之陶器，有似仿製晚周之銅器者，故其時代實不能早於晚周，或可降至漢初。

然著者三十六年至隴西考查後，發見臨夏及寧定臨洮等地，所謂齊家期之遺址頗多，各遺址中，則打擊之石器甚多，內有細石器，打擊兩邊缺口之石刀（第十五圖A），奇形之不知用途之石器等。至陶器之中則彩陶甚少，多爲單色陶，彩陶之紋飾爲紫褐色之點或條紋，甚爲簡單（第十五圖B）。單色陶中，有粗細二種，粗陶多爲灰色繩紋之高罐（第十六圖I—L），及下部爲籃紋之大罐（第十六圖AB）。細陶則爲安佛拉（Amphora）式之雙大耳小罐（第十六圖D），仿銅器式樣者（第十六圖C）（註10），及篦紋陶（第十七圖AB）。由吾人之觀察，認爲所謂齊家期者，實代表彩陶以外之另一種文化，仍安氏之舊名，名之爲「齊家文化」。

齊家文化最發達於大夏河流域

（註10）安氏由齊家坪僅採得一相似之陶片，餘爲購買者。

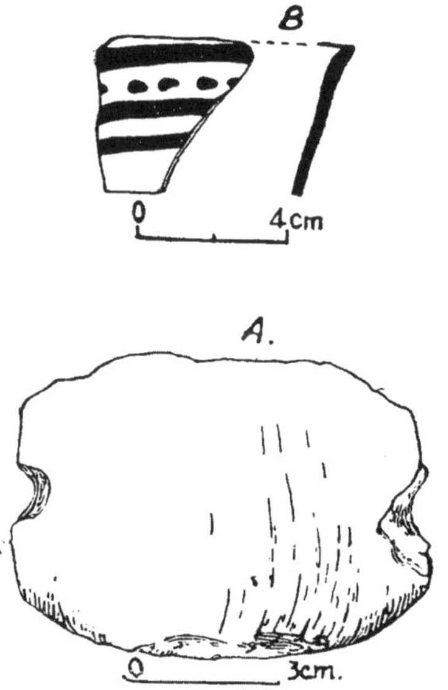

第十五圖　齊家文化之彩陶及石刀　A.石片打出兩缺口之石刀(據安特生)；B.臨夏崔家莊之彩陶片，陶色黃紅，花紋紫黑色(據裴米)。

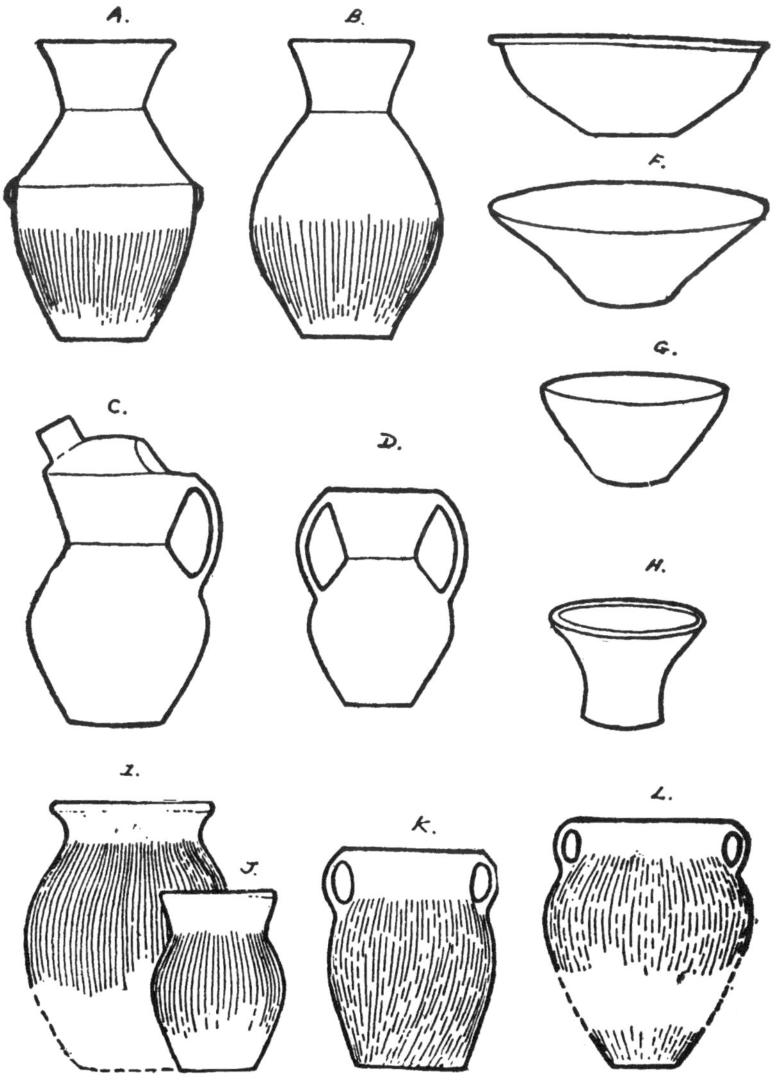

第十六圖　齊家坪發見各種陶器之器形。
A.B.巨大陶罐，下部爲籃紋；　C.仿銅器式樣之陶器；
D.安佛拉式陶罐；I-L.繩紋灰陶高罐；　E-H.盆碗杯等
物（據貝林阿爾沁，尺寸不一）。

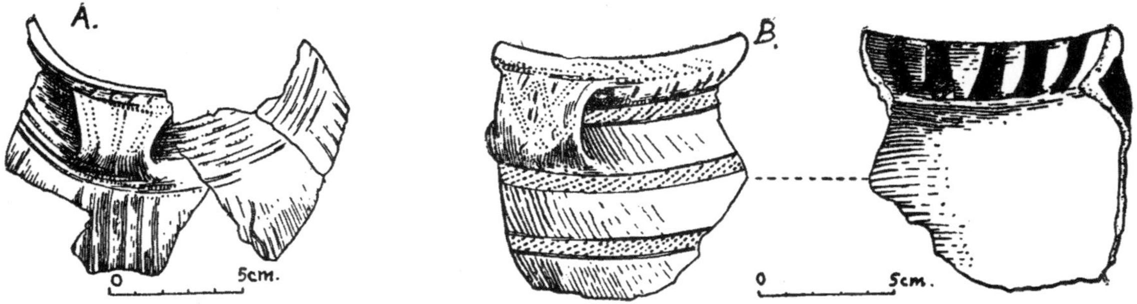

第十七圖A.齊家坪之篦紋陶陶片，B.內面有紫色條紋(據貝林阿爾沁)。

，如臨夏之崔家莊。由大夏河流域，沿洮河支流（西改河）而至洮河流域，發達之中心爲齊家坪，由此更南至臨洮南之寺窪山，北至洮沙之辛店。至貝林阿爾沁氏謂齊家文化，可東至天水附近，則似因發見上述下部爲篦紋之大罐之故，實此種陶罐非齊家文化所特有者，渭河上游彩陶文化之三期皆有之。至於天水附近，安氏所發見之安佛拉式之陶片，似頗有問題(註11)。故著者以爲齊家文化除向西發展至青海外，是否曾伸達至渭河流域，則尚待多所發見後，方可證實之。

至齊家文化之時代，則爲一尚未解決之問題。著者以爲齊家文化存在於大夏河流域之時，可能

（註11）著者曾於西和長道鎮，得一陶罐，爲安佛拉式，且爲馬鞍式口者。據本地人士所言，似與漢魏遺物共生，其色青灰，製作精細，似所言不無可信之處。苟如此，則安佛拉式之陶器，傳入隴南，當爲期甚晚也。

頗早，或早於仰韶時期，或相當於仰韶時期（如青海貴德所有者）；然至洮河流域之時，如齊家坪，則可能爲仰韶時期或較早，因齊家坪附近之石嘴，馬家窰式之彩陶甚多，而齊家坪則甚少見。至由齊家坪，再南北伸展，則可能已至彩陶文化衰落之時。當仰韶時期，洮河流域爲具有彩陶文化之民族所佔據，若同時再有另一具有齊家文化之民族侵入其地，則似不可能也。後述之「寺窪期」所代表之文化，或與齊家文化有相當關係，或爲齊家文化與其他文化混合後而生成者。若如此，是卽齊家文化並未完全絕滅，與其他文化混合而成另一種之新生文化也。

（二）彩陶文化

彩陶文化在洮河流域，於仰韶時期，發達甚盛，雖不如渭河上游之村落稠密，人口衆多，但每一遺址，似均佔廣大之面積，佔據之時間甚長。此就住地而言也，至墓地亦墓葬連接，數目甚多，足以表示時期長及人口多。至仰韶時期之後，彩陶文化更繼續存在於此區域，（註12）延至銅器時代，是爲安特生氏所謂之辛店期。

仰韶時期之住地，以臨洮之馬家窰爲最重要，遺址在第二台地之上，灰層甚厚，器物甚多，石器爲普通之石礎石斧，骨器爲骨針骨錐等，陶器中有粗陶，繩紋，色灰，多爲盆缸等物。彩陶色紅黃，有黑色條紋，多平行條紋，器物表裏及邊緣均有紋飾（第十八圖B）。

除馬家窰外，如臨洮之寺窪山，洮沙之辛店，皆有相同之住地。

（註12）馬廠期似於洮河發見甚少，或彩陶文化由洮河流域遷至湟水下游及河西走廊，至再來洮河流域之時，已進至銅器時代（辛店期）。

至仰韶時期之葬地，以寧定八羊溝附近之半山爲最重要。安特生氏曾於其地，大事開掘，所得器物甚多，就中尤以殉葬之彩罐爲最精細。式樣甚多，花紋極細（第十八圖A）實爲彩陶文化發達之最高峯。凡一整物，皆爲古物中之珍品，無論就製作之技術及彩繪之藝術而言，均非他時代之物，所可比擬。

辛店期之葬地，除洮沙之辛店外，尚有四時定，臨洮之王家坪，寧定之齊家坪等地。住地則以

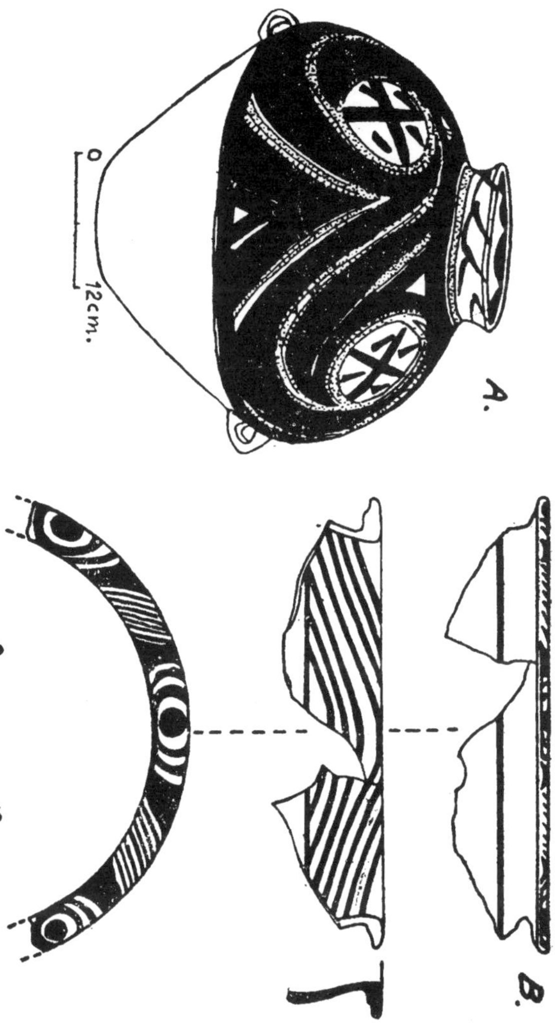

第十八圖　仰韶時期之彩陶
A. 邊家溝之殉葬陶罐，開掘所得，（據安特生原圖重繪）；
B. 馬家窰之彩陶片，（比較第五圖D）（據裴米）。

洮沙之灰嘴等地，爲最重要。

辛店期之彩陶，質粗，色紅，表面多敷以紅色陶衣，再繪以甚寬之黑色或深紅色條紋，條紋多彎曲及直線組成之回紋等。寬線之中間，常有繪成之太陽形，及曲折紋等（註13）。器形多甚大，雙耳，大口，小底（第十九圖A）又有大口雙耳之鉢（第十九圖C）及鬲類物（第十九圖B）。陶器中，亦有灰色或紅色，光面或繩紋者，有鬲類物。銅器中，有銅環銅刀，均與塞斯安(Scythian)

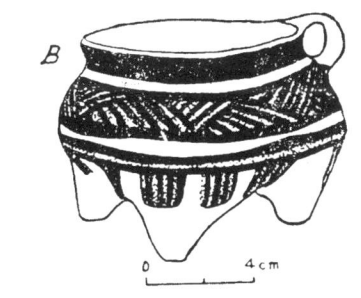

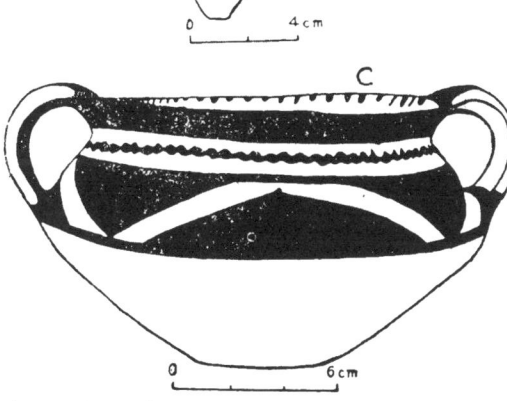

第十九圖　辛店期之彩陶　A.由辛店開掘所得；B.鬲類物，由四時定開掘所得；C.雙耳彩陶，由四時定採掘所得（據安特生重繪）。

（註13）至內中所繪之人形及動物形等，似多爲售賣古物者所添繪。

文化者相似。

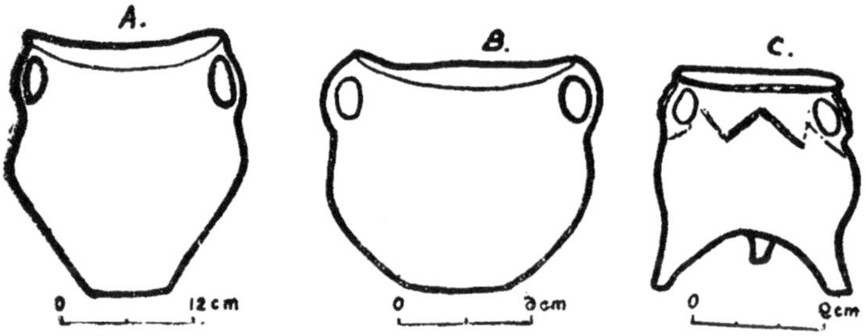

第二十圖『寺窪期』之陶器
A.B.馬鞍式口之雙耳陶罐；C.鬲；由臨洮寺窪山開採所得，（據安特生，原圖重繪）。

此辛店期之文化，似曾受中國文化（如回紋及鬲類物）及塞斯安文化（銅器）之影響，彩陶雖盛用，然已變質矣。至與齊家文化之關係如何，亦為現時未能解決之問題。

（三）「寺窪期」

寺窪山在臨洮之南，距城約四十里，在洮河之西岸，其地為第一台地，旁有泉水，史前人類居住之地甚廣，且居住時間甚長。住地約皆為仰韶時期者，與馬家窰同。至寺窪期者，則為葬地。墓葬中，殉葬物甚多，多為陶器。陶器色深紅或磚紅，小底，雙耳，口扁圓，兩邊高出，是即所謂馬鞍式者（第二十圖）。除此種陶罐外，尚多陶鬲陶鼎等物。此外尚有塞斯安式之銅器。

吾人若總觀寺窪期之殉葬物，除與青海之卡窰相似外，以陶器之製法論，似與齊家文化有相當關係。至陶鬲陶鼎等，似為受中國文化影響之產物，銅器則為受塞斯安文化影響之證明。

（四）「石灰住室」

寺窪期之時代當甚晚，安特生謂為晚於辛店期，甚合情理。

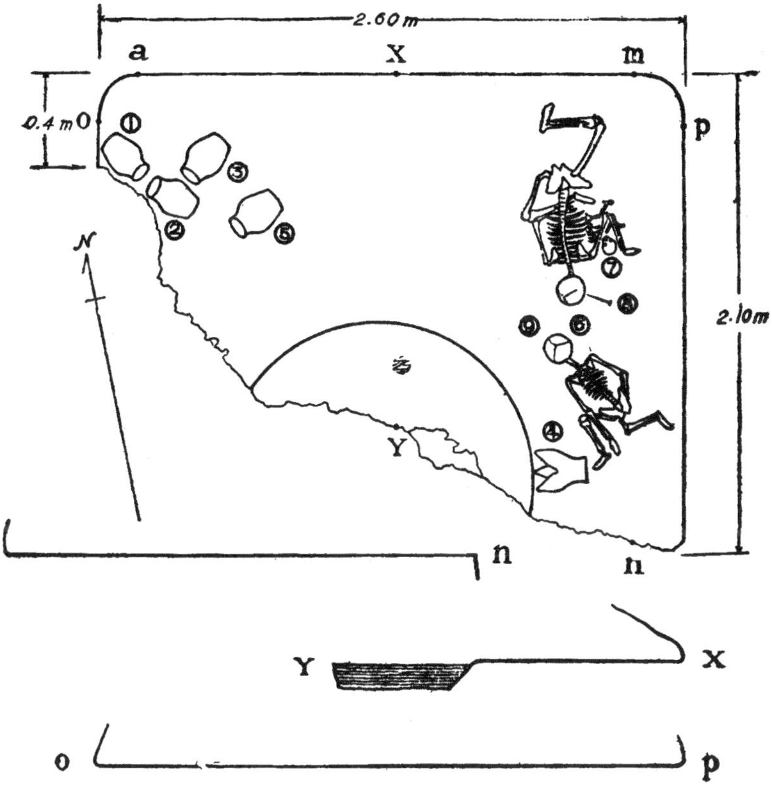

1—3.5. 繩紋陶罐.
Pots with cord-pattern.
4. 三足鬲(變形鬲).
Li Tripod, red plain ware
6. 人骨(女).
Human skeleton *(female)*.
7. 嬰兒骨骼.
Skeleton of a baby.
8. 骨錐.
Bone awl.
9. 孩童骨骼.
Skeleton of a child.

比例尺　四十分之一

0　50cm.　1m.

Scale　1 : 40

第二十一圖　臨洮瓦家坪之石灰住室，剖面及平面圖，說明見圖內，(據裴米)。

著者與米泰恆，於三十六年時，曾開掘洮河流域數遺址，發見各地習見之薄石灰層，實爲住室之下部。以臨洮瓦家坪者言，室基爲方形（約三公尺平方），先舖草泥，後舖以甚薄之石灰，牆壁之下部亦同。室基之中央爲圓形之坑，爲燒火之地（第二十一圖）。吾人由瓦家坪之一室中，發見人骨及用具。陶器之中，有陶鬲（第二十二圖），及繩紋陶罐。由此吾人可推論，此爲住室，其時代晚於仰韶時期，或相當於辛店期及彩陶衰落之時期（第二及第三時期）。

此種薄石灰層，安特生氏生曾發見於羅漢堂，安氏因當中之圓坑，認爲燒陶之窰。安氏並於河南澠池不召寨發見之，或爲龍山時期者（註14）。北平研究院開掘寶雞之時，亦有相同之「室」發見，據私人消息，似爲商殷以前時期者。中央研究院同人，亦於山西之西陰村，河南之大賚店等地皆有此薄石灰層發見，其時代約皆爲龍山時期。此種石灰室似分佈甚廣，將來更詳細之研究及精密之開掘，或可因此石灰住室，而對於各地之史前時期，因比較而訂定先後及更正確之年代。惟盼多人能就此種研究

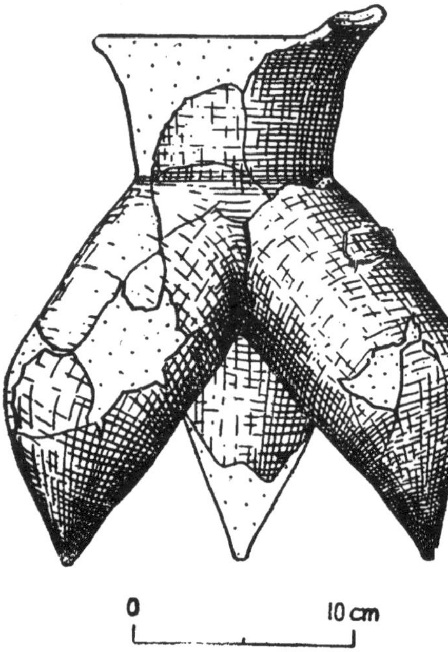

第二十二圖　臨洮瓦家坪之灰石住室中之陶鬲（據裴米）。

（註14）安氏之報告，最近始發表。

及調查，多行努力，以便吾人對於史前文化，更多所瞭解也。

（戊）河西

甘肅之河西走廊，介於青新寧之間，自漢唐以後，迄於現代，爲西北軍事及交通重要之區，然在史前時代似不如青海之重要。概東西之交通，僅自漢以後，始開闢此路也。就現時所知，河西之史前文化，似均爲退避而至者，如馬廠期及沙井期之彩陶文化。然此區域之史前攷古，尚未廣事工作，或將來可推翻今日之說也。

（一）舊石器時代

參加中法西北科學攷查團之德日進及楊鍾健二氏，曾於酒泉（肅州）北一百二十公里之處（註15），發見舊石器時代之石器，石器皆爲石英打擊而成，有尖狀器，刮削器等（第二十三圖）。

（註15）此地似應歸寧夏境內，惟德楊二氏未加說明，暫附於河西區內，以地勢而言，非根據今日之政治區分也。

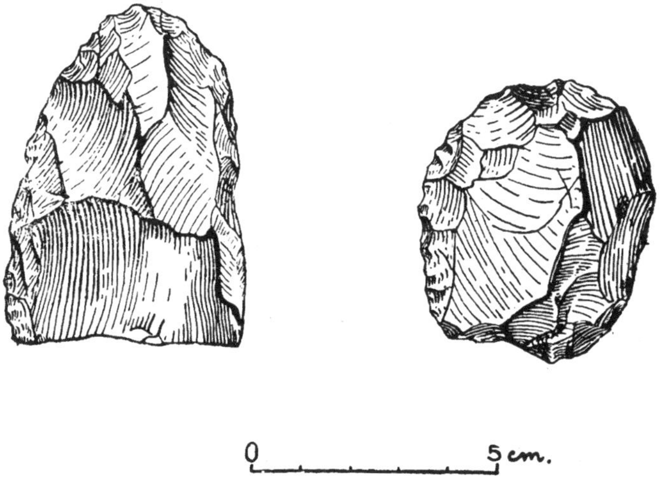

第二十三圖　酒泉北發見之石器，屬於舊石器時代（據德楊）。

此種石器發見於廣大之五十公尺台地之地面上，為舊石器時代者，無何疑問。

(二)新石器時代

河西走廊境內，未發見細石器文化之遺址，殊甚可異，或因調查尚少之故。此區域內之新石器時代之代表者，僅有彩陶文化之馬廠期及沙井期。

馬廠期之彩陶文化，發見於永昌縣之三角城，陶質細，色淺黃，器底及表面有黑色之條紋。安特生氏認為係馬廠期者。

中瑞西北科學攷查團之地質學家步林(B.Bohlin)氏於酒泉之東南，採有彩陶甚多，其報告尚未發表，據安

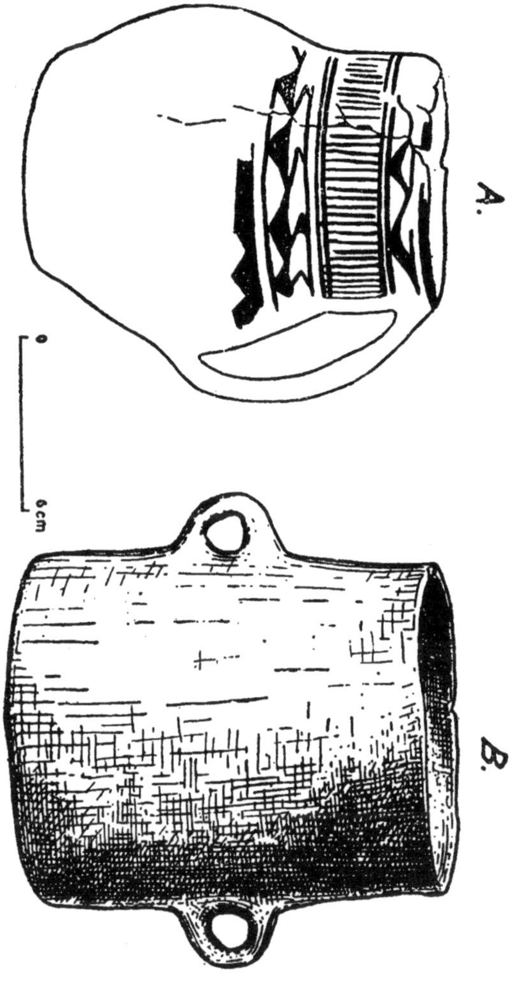

第二十四圖　民勤沙井之彩罐(A)及筒狀杯(B)(據安特生，重繪)。

待生氏觀察之印象，完整之豌形，陶質及花紋，均與馬廠期之住地（如青海之下西河，十里鋪）者相似。

沙井期之彩陶文化遺址，發見於民勤（鎮番）之沙井（縣城西三十里）及附近之留胡屯。前者爲葬地，後者爲住地。由此二地所發見之陶器，多爲磚紅色，質稍粗。器形計有：兩耳，圓底及大口之罐，單耳或雙耳之筒狀杯（第二十四圖B），及龐大之三足鬲等。陶器之表面多加陶衣，上部平滑，下部有「布紋」者。彩繪色黑，甚精細，多爲寬窄之條紋所組成，有「鳥形」之記號等（第二十四圖A）。

銅器中，有銅刀，三稜之銅箭簇。石器中，有石環，石擊，及石箭簇等。骨器中，有骨針及平身貝，及蚌珠等。此外尚有金環及綠松石石珠等。

總觀沙井期之遺物，其時代當甚晚，或可能晚至相當於我國古史之周末漢初之時。

吾人若再就河西走廊與其近隣言之，則似此區域之史前文化，與青海東部之關係甚大。馬廠期之彩陶文化，發達於湟水流域，因洮河及渭河上游有原始之中國文化侵入，故向北遷移，沿此走廊更西進，至酒泉附近，在此區域中，得以繼續昌盛。苟如安特生氏所言，沙井期果與辛店期有何關係，則似辛店期已受中國文化之影響；又自洮河流域而西北伸展，至河西後，發達爲沙井期。然沙井期所代表之文化，除包含塞斯安（以一部銅器爲代表者）及彩陶文化外，似更含有濃厚之中國文化之成分（以銅箭簇及陶鬲代表之）。沙井期所含之中國文化，可能由隴東及陝北傳佈而來，其時代或在周末漢初。至沙井期之文化，或更傳佈至新疆（如吐魯番之雅爾崖），然至天山南路及北路各地之時，則似又受他種文化之影響而變質矣。

六　將來之展望

國是日非，社會紊亂，此種史前攷古工作，早已被人視爲不足輕重之事，政府中人如此視之，殊不足惜，惟學術界人士亦多作如是觀，實令人詫異。且一般人多誤認爲在西北工作爲淸苦，於是爲官者不肯去西北，不得已而去，則盡情搜刮，以求「飽載」。教育界中人士，亦認爲赴西北工作，有如「充軍」，非至在大都市毫無辦法之時，不肯屈就。此種現象；實亦社會畸形發展所生結果之一部表現。吾人微末之言，實難望其有何成效；惟吾人不能因現狀之不滿而自餒，當就力之所及，識之所達，公之於世，或可寄其希望於未來也，是以著者於本文未結束之前，願就將來之展望，略述於後。

前文所述，係吾人所知西北之史前情形；然若就人類演變之過程而論，其中尙有甚多之空白時間。再以地理而論，如隴東，河西，靑海西部，以及北疆，尙無人作史前攷古之工作，是又爲空白之空間。至其他地區，雖曾有人稍事工作，但所知有限，應再加補充之。

美人葛利普（A.W.Grabau）氏主張人類起源於「中亞」，即謂人類由似猿之動物，演變而爲兩足直立之人類，其演變之區域爲南疆之塔里木盆地（註16）。葛氏之說，雖不足確信，但亦有其學理上之根據。我國西北各地，除塔里木盆地外，如準格爾盆地，柴達木盆地等區，實皆不無發見最古人類之希望，吾人當盡力提倡，以便塡充此巨大之空白時間及空間。

（註16）Grabau, A.W. The Begining of the Hnman Races. Journ.N.China R. Asiatic Soc.,Vol. Lxv,1934.

河套地方（綏遠及陝北），曾發見甚豐富之舊石器時代人類遺址，器物甚多，謂之爲「河套文化」。吾人已於隴東及寧夏稍有所知，當再多事調査，以便於隣近地區中，多發見與河套文化相似之文化。

西北爲東西文化之中心，青海又爲西北之中心，且史前時期東西交通之路線，亦似在青海，故吾人對於靑海之史前時期之研究，實有莫大之希望。

河西走廊爲偏北之西北中心，吾人欲明瞭北方（如西伯利亞及土耳其斯坦）原始文化影響中國文化之情形，或此區域爲一鎖鑰也。例如塞斯安銅器，綏遠銅器，商殷銅器之關係如何等問題，皆待吾人解決。

隴西爲各民族與原始中華民族（卽原始之中國文化之具有者）互相爭逐之地，吾人若能在此區域，再作詳細之硏究，可明瞭原始中國文化孕育及發達之時，與西方各民族之關係，因此可明瞭中國文化受「外力」之影響。千百年來，不能解決之問題，或可由此迎刃而解。

渭河上游與其他隴南之河谷中，有數千年在河谷中演變之文化，更受原始中國文化之巨大影響。中國文化之構成，亦受此河谷文化之巨大影響，若吾人能於此區域，再作詳細之研究，則可連絜「史前」與我國古史。史前及古史上不能解決之問題，大部當可由此種研究而解決之。

以上係僅就空白中之重要者而言，其他之研究調査，實難一一歷述。總之：西北史前之研究，將來有無限之光明，從事此種工作，亦當有無限之發展，吾人惟盼能集多人之力，共同努力。

七　將來工作之途徑

上述之史前攷古工作，絕非一機關，或一人之力，所能完成，非羣策羣力，難以奏效。且我國攷古人才缺乏，勢不能不廣事訓練，是以吾人欲完成西北之繁重工作，更當廣事提倡，一方以引起一般業餘攷古學家之興趣，一方並就大學中，專門造就此項人才。苟吾人再圖本身之享受，不奮起工作，則恐千百年後，永爲人視爲學術界之罪人也。

著者前曾有提倡組織攷古學會之議，（註17）茲就西北而言，應立即組織一「西北攷古學會」，廣收會員，互通消息，交換知識，各地如有發見，會員應通知學會，視重要與否，派人會同地方會員調查之，學會更當就會員中，擇有志於此者，加以訓練，以便能獨立從事開掘及研究。

成立古物博物館，爲必要之事，如此方可有收藏及研究之固定地方。例如蘭州、迪化、西寧、寧夏、當有全西北性或全省性之博物館，或可不限於史前古物，可就科學教育館及民衆教育館或文化機關（如西北文化建設協會），從事擴充籌辦。再如天水、臨洮、墩煌，吐魯番等地，亦當有地方性之博物館，以搜集其附近所產之古物，專門研究及保藏之。

至造就人才一途，吾人當請求蘭州大學特設一攷古學系或研究室，除招攷普通大學生外，當請各地方教育團體或政府，選派學生，爲將來各地方博物館之首長，並有將來在附近搜集及開掘之能力。至迪化之新疆學院，西寧之師範學院等地，亦當訓練一部分學生，以便從事此等工作。

（註17）西北通訊，二卷一期。

然上所述，實非易事，吾人雖未必望其卽可成爲事實，但當時作呼籲，以引起社會之注意。事件之推動，其原動力爲「社會」，若吾人能得社會上之同情，則距實現之期不遠矣！

八　本文重要參考書目

黃文弼著：高昌陶集　民二十二，北平。

Andersson,J.G.（安特生）甘肅考古記　地質專報，甲種五號，民國十四年

（Preliminary Report on Archaeological Research in Kansu. Mem. Geol. Surv.China.Ser.A, No.5,11925）

Children of the Yellow Earth, Kegan Paul, London,1934.

Researches into the Prehistory of the Chinese. Bull.No.15,The Museum of Far Eastern Antiquities,Stockholm,1943.

The Site of Chu Chia Chai. Bull.No.17,Museum Far East.Antiq.,Stockholm,1945,

Bergman,F. Archaeological Researches in Sinkiang.The Sino-Swedish Expedition,Publication No.7,Vol.VII-1,Stockholm,1937.

Bylin-Althin,M. The Sites of Chi Chia Ping and Lo Han Tang in Kansu. Bull.No.18, Museum Far East.Antiq.,Stockholm,1946.

Palmgren,M. Kansu Mortuary Urns of the Panshan and Machang Groups.Palaeo ntologia

Sinica,Ser.D,Vol.III,Fasc,1.1934.

Teilhard de Chardin,P. and Young,C.C. On Some Neolithic (and possibly palaeolithic) Finds in Mongolia, Sinkiang, and W.China. Bull. Geol.Soc.China,Vol.XII,pp.83-104,1932.

Teilhard de Chardin P. and Pei,W.C. Le Neolithique de la Chine. Publ. No.10,Institu tde Geobiologie,Peiping,1944.

Teilhard de Chardin, P. Early Man in China. Publ. No.7,Institut de Geobiologie,Peiping, 1941.